Eszter Csépe

Mit Bildung gegen Korruption

Bildungspolitische Ursachen der Korruption und ihre Bekämpfung in der mexikanischen Gesellschaft

Diplomica® Verlag GmbH

Csépe, Eszter: Mit Bildung gegen Korruption. Bildungspolitische Ursachen der Korruption und ihre Bekämpfung in der mexikanischen Gesellschaft, Hamburg, Diplomica Verlag GmbH 2010

ISBN: 978-3-8366-8224-4
Druck: Diplomica® Verlag GmbH, Hamburg, 2010

Bibliografische Information der Deutschen Nationalbibliothek:
Die Deutsche Nationalbibliothek verzeichnet diese Publikation in der Deutschen Nationalbibliografie; detaillierte bibliografische Daten sind im Internet über http://dnb.d-nb.de abrufbar.

Die digitale Ausgabe (eBook-Ausgabe) dieses Titels trägt die ISBN 978-3-8366-3224-9 und kann über den Handel oder den Verlag bezogen werden.

Dieses Werk ist urheberrechtlich geschützt. Die dadurch begründeten Rechte, insbesondere die der Übersetzung, des Nachdrucks, des Vortrags, der Entnahme von Abbildungen und Tabellen, der Funksendung, der Mikroverfilmung oder der Vervielfältigung auf anderen Wegen und der Speicherung in Datenverarbeitungsanlagen, bleiben, auch bei nur auszugsweiser Verwertung, vorbehalten. Eine Vervielfältigung dieses Werkes oder von Teilen dieses Werkes ist auch im Einzelfall nur in den Grenzen der gesetzlichen Bestimmungen des Urheberrechtsgesetzes der Bundesrepublik Deutschland in der jeweils geltenden Fassung zulässig. Sie ist grundsätzlich vergütungspflichtig. Zuwiderhandlungen unterliegen den Strafbestimmungen des Urheberrechtes.

Die Wiedergabe von Gebrauchsnamen, Handelsnamen, Warenbezeichnungen usw. in diesem Werk berechtigt auch ohne besondere Kennzeichnung nicht zu der Annahme, dass solche Namen im Sinne der Warenzeichen- und Markenschutz-Gesetzgebung als frei zu betrachten wären und daher von jedermann benutzt werden dürften.

Die Informationen in diesem Werk wurden mit Sorgfalt erarbeitet. Dennoch können Fehler nicht vollständig ausgeschlossen werden, und der Diplomica Verlag, die Autoren oder Übersetzer übernehmen keine juristische Verantwortung oder irgendeine Haftung für evtl. verbliebene fehlerhafte Angaben und deren Folgen.

© Diplomica Verlag GmbH
http://www.diplomica-verlag.de, Hamburg 2010
Printed in Germany

Inhaltsverzeichnis

ABKÜRZUNGSVERZEICHNIS .... **IV**

ABBILDUNGSVERZEICHNIS .... **VII**

1 EINFÜHRUNG 1

    1.1 Ziel der Untersuchung 2

    1.2 Methode 4

        1.2.1 Die Befragung 4

        1.2.2 Die Beobachtung 5

    1.3 Stand der Forschung 6

2 DIE KORRUPTION 8

    2.1 Begriff der Korruption 8

        2.1.1 Klassifizierung der Definitionen 10

            2.1.1.1 Politologischer Ansatz 10

            2.1.1.2 Soziologischer Ansatz 11

            2.1.1.3 Ökonomischer Ansatz 11

        2.1.2 Kritik an der Begriffsbestimmung 12

            2.1.2.1 Persönlicher Gewinn des Amtsträgers vs. Amtspflicht 13

            2.1.2.2 Unterschiede zwischen der korrupten materiellen und immateriellen Vorteilsgewährung und Vorteilsnahme 13

    2.2 Klassifizierung der Erscheinungsformen 14

        2.2.1 Korruption auf Regierungsebene 14

        2.2.2 Korruption auf der Ebene der Schnittstelle von Bürger und Staat ... 15

        2.2.3 Korruption auf der Ebene des politischen Gemeinwesens 15

    2.3 Theorie der Korruption. Das Prinzipal-Agent-Modell 17

3 BEKÄMPFUNG VON KORRUPTION 22

    3.1 Die Anfänge der Korruptionsbekämpfung 22

    3.2 Akteure und Maßnahmen der Bekämpfung von Korruption 24

        3.2.1 Transparency International (TI) 25

	3.2.1.1	Rolle der TI in der Korruptionsbekämpfung	25
	3.2.1.2	Allgemeine Maßnahmen der TI gegen die Bekämpfung der Korruption	25
	3.2.1.3	Bildungspolitische Maßnahmen von TI	26
3.2.2		Die Weltbank	27
	3.2.2.1	Die Rolle der Weltbank bei der Kontrolle der Korruption	28
	3.2.2.2	Allgemeine Maßnahmen der Weltbank in der Bekämpfung von Korruption	29
	3.2.2.3	Bildungspolitische Maßnahmen der Weltbank	29
3.2.3		Organisation für wirtschaftliche Zusammenarbeit und Entwicklung (OECD)	30
	3.2.3.1	Die Rolle der OECD zur Korruptionsbekämpfung	30
	3.2.3.2	Allgemeine Maßnahmen der OECD gegen Bekämpfung der Korruption	31
	3.2.3.3	Bildungspolitische Maßnahmen der OECD	33

4 MEXIKO - EINE LÄNDERANALYSE 34

4.1 Bevölkerung 34

4.2 Politisches System und Parteien 35

4.3 Bildungssystem 41

4.4 Massenmedien 44

5 KORRUPTION IN MEXIKO 46

5.1 Eine Befragung in Mexiko-Stadt 46

6 URSACHEN DER KORRUPTION 57

6.1 Intransparente Verwaltungsstruktur und mangelnde Kontrolle 58

6.2 Extrapositionale und intrapositionale Vorteile 60

6.3 Informationsdefizit 61

7 BEKÄMPFUNG VON KORRUPTION 63

7.1 Nationale Bekämpfungsmaßnahmen 66

    7.1.1   Transparenz 66

    7.1.2   Kontrolle 68

    7.1.3   Bildung 69

7.2 Internationale Bekämpfungsmaßnahmen 72

    7.2.1   Transparencia Mexicana (TM) 73

	7.2.2	Weltbank	76
	7.2.3	OECD	80

8 FAZIT 84

LITERATURVERZEICHNIS 89

ANLAGEN 104

Abkürzungsverzeichnis

A	Agent
AFP	Elternverband (span. Asociaciones de Padres de Familia)
AMI	Asamblea de Migrantes Indígenas
BPI	Korruptionsbarometer (engl. Bribe Payers Index)
CANIEM	Nationale Kammer der mexikanischen. Verlagsindustrie (span. Cámara Nacional de la Industria Editorial Mexican)
CPI	Korruptionswahrnehmungsindex (engl. Corruption Perceptions Index)
CITCC	Kommission für Transparenz und Korruptionsbekämpfung (span. Comisión Intersecretarial para la Transparencia y el Combate a la Corrupción)
CM	Gesetz zur Laufbahn des öffentlichen Lehramtes (span. Carrera Pública Magisteral)
CONACULTA	Nationaler Rat für Kultur und Künste (span. Consejo Nacional para la Cultura y las Artes)
EB	Eigene Befragung
EU	Europäische Union
FCPA	Forgeign Corrupt Practices Act
FDN	Nationale Demokratische Front (span. Frente Democrático Nacional)
GATT	Allgemeines Zoll- und Handelsabkommen (engl. General Agreement on Tariffs and Trade)
GCR	Globales Korruptionsbarometer (engl. Global Corruption Report)
IACC	Internationale Konferenz zur Korruptionsbekämpfung (engl. International Anti-Corruption Conference)
ICC	Internationale Handelskammer (engl. International Chamber of Commerce)
IBRD	Internationale Bank für Wiederaufbau und Entwicklung - Weltbank (engl. International Bank for Reconstruction and Development)
IDA	Internationale Entwicklungsorganisation (engl. International Development Association)
IFAI	Bundesinstitut für den Zugang öffentlicher Informationen (span. Instituto Federal de Acceso a la Información Pública)

IFC	Internationale Finanz-Corporation (engl. International Finance Corporation)
IFE	Bundeswahlinstitut (span. Instituto Federal Electoral)
IFPRI	Internationales Forschungsinstitut für Ernährungspolitik (engl. International Food Policy Research Institute)
INEE	Nationalinstitut für Bildungsevaluation (span,.Instituto Nacional para la Evaluación de la Educación)
ITESM	Instituto Tecnológico de Estudios Superiores de Monterrey
K	Klient
Kap.	Kapitel
KAS	Konrad-Adenauer-Stiftung
MIGA	Multilaterale Investitions-Garantie-Agentur (engl. Multilateral Investment Guarantee Agency)
NAFTA	Nordamerikanisches Freihandelsabkommen (engl. North American Free Trade Agreement)
OECD	Organisation für wirtschaftliche Zusammenarbeit und Entwicklung (engl. Organisation for Economic Co-operation and Development)
OIC	Interne Kontrollorgane (span. Órganos Internos de control)
P	Prinzipal
PAN	Partei Nationale Aktion (span. Partido Acción Nacional)
PAREIB	Programm zur Beseitigung der Rückständigkeit in der Aus- und Grundbildung (span. Programa para Abatir el Rezago en Educación Inicial y Básica)
PEMEX	Petróleos Mexicano
PISA	Programme for International Student Assessment
PNR	Partei der Nationalen Revolution (span. Partido Nacional Revolucionario)
PRD	Partei der demokratischen Revolution (span. Partido de la Revolución Democrática)
PREP	Programm der Vorläufigen Wahlergebnisse (span. Programa de Resultados Electorales Preliminares)
PRI	Partei der Institutionalisierten Revolution (span. Partido Revolucionario Institucional)

PRM	Partei der Institutionalisierten Revolution nach Umbenennung 1938 (span. Partido de la Revolución Mexicana)
PROGRESA	Staatliches Programm zur Armutsbekämpfung (span. Programa de Educación, Salud y Alimentación)
PRONAE	Nationales Bildungsprogramm (span. Programa Nacional de Educación)
PVDM	Grüne Ökoligische Partei (span. Partido Verde Ecologista de México)
RAND	Forschung und Entwicklung (engl. Research and Development)
SEC	Kommission der Börsenaufsichtsbehörde der Vereinigten Staaten von Amerika (engl. U.S. Security and Exchange Commission)
SEDESOL	Sekretariat (der Regierung) für soziale Entwicklung (span. Secretaría de Desarrollo Social)
SEEP	Secretariat (der Regierung) für öffentliches Bildungswesen der Länder (span. Secretarías Estatales de Educación Pública)
SEP	Sekretariat (der Regierung) für öffentliches Bildungswesen (span. Secretaría de Educación Pública)
SFP	Sekretariat (der Regierung) für den Staatsdienst (span. Secretaría de la Función Pública)
SNTE	Nationale Lehrergewerkschaft (span. Sindicato Nacional de Trabajadores de la Educación)
TI	Transparency International
TM	Transparencia Mexicana
TRIFE	Nationale Wahlgerichtshof (span. Tribunal Electoral del Poder Judical de la Federación)
UN	Vereinten Nationen (engl. United Nations)
UNESCO	Organisation der Vereinten Nationen für Erziehung, Wissenschaft und Kultur (engl. United Nations Educational, Scientific and Cultural Organization)
URL	Uniform Resource Locator
WTO	Welthandelsorganisation (engl. World Trade Organisation)
z. B.	zum Beispiel

Abbildungsverzeichnis

Abbildung 1: Initiative Agent (eigene Darstellung) 20

Abbildung 2: Initiative Prinzipal Fall 1 (eigene Darstellung) 20

Abbildung 3: Initiative Prinzipal Fall 2 (eigene Darstellung) 21

Abbildung 4: Initiative Klient (eigene Darstellung) 21

Abbildung 5: Das Bildungssystem in Mexiko (eigene Darstellung) 41

Abbildung 6: Warum gibt es Korruption? (gem. Fragebogen Frage 19)....................... 51

Abbildung 7: Korruption in mexikanischen Institutionen (gem. Fragebogen Frage 21)... 52

Abbildung 8: Gründe für Korruption (gem. Fragebogen Frage 20) 56

Abbildung 9: Korruption bei medizinischer Behandlung (gem. Fragebogen Frage 17h)... 57

Abbildung 10: Akteure im Kampf gegen Korruption (gem. Fragebogen Frage 26) 63

Abbildung 11: Ansätze zur Bekämpfung von Korruption (gem. Fragebogen Frage 22)... 64

Abbildung 12: Effektivität von nationalen und internationalen Bekämpfungsmaßnahmen (gem. Fragebogen Frage 23,24) 84

Abbildung 13: Melden einer korrupten Handlung (gem. Fragebogen Frage 27) 65

1 Einführung

Mexiko gilt heute noch als Land mit langer Tradition der Korruption. Die Einstellung der Bevölkerung gegenüber diesem Phänomen hat sich zwar in den letzten zehn Jahren gewandelt, jedoch gibt es weiterhin Merkmale, die die Selbstverständlichkeit einer korrupten Tat in der Gesellschaft bestätigen.

In der Bevölkerung ist Korruption heute aber kein Tabu mehr. Besondere Aufmerksamkeit wird dem Thema in Mexiko seit dem Regierungswechsel im Jahr 2000 gewidmet. Seitdem wird über Korruption und den damit verbundenen Folgen in der Gesellschaft immer heftiger diskutiert. In den vergangenen acht Jahren kommen immer mehr Korruptionsfälle ans Licht, melden sich immer mehr Betroffene zu Wort und auf internationalen Druck hin wird immer mehr verlangt, Maßnahmen zur Reduktion von Korruption auf politischer und wirtschaftlicher Ebene umzusetzen.

Der Sieg der konservativen Partei *„Partido Accion Nacional"* und der dadurch eingeleitete Regierungswechsel aus dem Jahr 2000 brach die Monopolstellung der über 71 Jahre hinweg regierenden liberalen Staatspartei *„Partido Revolution Institutional"*. Die liberale Staatspartei gilt bis heute als die korrupteste Partei Mexikos. Jahrzehntelang wurden auf jeder Ebene der politischen und wirtschaftlichen Führungsebene dubiose Aktivitäten durchgeführt. Eine öffentliche und internationale Kontrolle der politischen Aktivitäten war bis dahin nur in einem sehr geringen Maße möglich. Die zielgerichtete und institutionalisierte Bekämpfung der Korruption war bis dato nicht aktiv vorgesehen. So prägten die korrupten Aktivitäten der Partei der Institutionalisierten Revolution Jahrzehnte lang nicht nur die politische und wirtschaftliche Entwicklung des Landes sondern auch die gesellschaftliche Struktur Mexikos. Die Neustrukturierung des politischen Lebens sorgt für einen schrittweisen Abbau von Intransparenz politischer Aktivitäten.

Die Veränderung im politischen Leben brachte auch eine Neuorientierung in der Bevölkerung mit sich. Inwieweit diese neuen Impulse in der Gesellschaft zu sehen sind, wird in der vorliegenden Untersuchung erforscht.

1.1 Ziel der Untersuchung

Der langjährige Einfluss der liberalen Staatspartei PRI hat gravierende Spuren in dem gesellschaftlichen Leben der Mexikaner hinterlassen. Ziel dieser Untersuchung ist es, die aktuelle Problematik der Korruption in der mexikanischen Gesellschaft zu definieren, die Erscheinungsformen der Korruption zu erfassen und dadurch auf die Ursachen zu schließen. Durch die Analyse der Ursachen und der bereits bestehenden Bekämpfungsmaßnahmen wird eine Entwicklungstendenz in der Korruptionsbekämpfung aufgezeigt.

Die Betrachtung der Korruption im Bildungssektor und das ausgeprägte Bildungsniveau der Bevölkerung erhalten bei der Untersuchung eine besondere Rolle. Es wird davon ausgegangen, dass ein korruptes Bildungssystem keine moralisch handelnde Gesellschaft hervorbringen kann. Das bedeutet, eine Gesellschaft, die sich bewusst gegen Korruption entscheidet. Weiterhin wird angenommen, dass das Bildungsniveau der Bevölkerung einen wesentlichen Beitrag bei der Entscheidung für oder gegen Korruption leistet. Ein geringeres Bildungsniveau, basierend auf Schreib- und Leseschwäche, bringt eine geringere Informationsfähigkeit und eine unvoreingenommene Informationsselektion mit sich.

Das erste Kapitel führt in das Vorhaben und in die Methode der Untersuchung ein. Das zweite Kapitel befasst sich mit der theoretischen Grundlage der Korruptionsforschung. Zu Beginn werden Begrifflichkeiten definiert, die zur Erfassung der Korruption fundamental sind. Anschließend wird das Phänomen in diverse wissenschaftliche Ansätze eingebunden. Da Korruption keine homogene Erscheinung ist, ist diese Einordnung für ein besseres Verständnis des Forschungsgegenstandes unabdingbar. Im zweiten Teil werden mit Hilfe der Prinzipal-Agent-Theorie die möglichen Wege und Akteure einer korrupten Handlung aufgezeigt. Im dritten Kapitel werden die bereits existierende Maßnahmen und Aktivitäten in der Korruptionsbekämpfung analysiert. Besondere Aufmerksamkeit wird den Aktivitäten der internationalen Organisationen Transparency International (TI), Weltbank (WB) und der Organisation für wirtschaftliche Zusammenarbeit und Entwicklung (OECD) gewidmet.

Korruption variiert je nach Land, politischem System und gesellschaftlicher Zusammensetzung. Aus diesem Grund wird im vierten Kapitel eine Länderanalyse vorangestellt. Dadurch sollen die länderspezifischen Daten mit den theoretischen Grundlagen aus dem ersten und zweiten Kapitel verbunden werden. Die länderspezifische

Betrachtung trägt dazu bei, im Kapitel 5 die verschiedenen Erscheinungsformen erfassen zu können und somit im Kapitel 6 auf die Ursachen der Korruption in Mexiko zu schließen. Nach der Analyse der Formen und Ursachen der Korruption werden länderspezifische Maßnahmen zur Bekämpfung untersucht sowie Entwicklungstendenzen in der Korruptionsbekämpfung aufgezeigt. Das achte Kapitel fasst die Forschungsergebnisse zusammen und gibt einen Ausblick über den vorliegenden Forschungsbereich.

Die Wahl für die Problemstellung entstand aus der wissenschaftlichen Aktualität des Themas und aufgrund der Forschungsergebnisse der Nichtregierungsorganisation Transparency International. Im Ergebnisse einer Studie der TI wurde Mexiko-Stadt im nationalen Vergleich der 32 Bundesstaaten mit 19,8 Prozent korrupter Bürger in der Bevölkerung als der korrupteste Bundesstaat eingestuft.[1] Weiterhin wurde die Hauptstadt Mexiko-Stadt als Forschungsort gewählt, da sie als politisches und wirtschaftliches Zentrum des Landes gilt. Internationale Organisationen aus der Wirtschaft, die Einfluss auf politische Handlungen haben, sind überwiegend in der Hauptstadt ansässig. Demonstrationen und die öffentliche Meinungsbildung werden überwiegend aus der Hauptstadt heraus initiiert.

Aufgrund der eigenständig konzipierten empirischen Untersuchungen in Mexiko-Stadt werden keine allgemeingültigen Aussagen angestrebt, sondern die Ergebnisse sollen als wichtige Impulse für weitere theoretische Überlegungen dienen. Sie tragen somit zu einem besseren Verständnis der Ursachen von Korruption in Mexiko bei. Eine Befragung in den weiteren 31 mexikanischen Bundesländern würde den Rahmen der vorliegenden Studie sprengen. Jedoch wird es als weiterer Forschungsbedarf als sehr wichtig angesehen, diese Befragung auch in den anderen Bundesstaaten durchzuführen. So kann es je nach wirtschaftlicher und gesellschaftlicher Heterogenität des jeweiligen Bundeslandes und Region zu einem sehr unterschiedlichen Ergebnis kommen.

---

[1] TM 2006

1.2 Methode

Systematisch erfasste Informationen sind die Grundlage empirischer Sozialforschung.[2] Die vorliegende Untersuchung bedient sich Informationen, die aus dem standardisierten Fragebogen (Anlage 1) und durch direkte strukturierte Beobachtungen ermittelt wurden.

1.2.1 Die Befragung

Die Ursachenanalyse der Korruption in Mexiko-Stadt basiert auf den Ergebnissen der Befragung in den Monaten Oktober und November 2008. Die aus dem Fragebogen gewonnenen Informationen haben die Struktur der vorliegenden Studie geprägt und dazu beigetragen, die Forschungsfragen *„Welche Korruptionsursachen sind in der mexikanischen Gesellschaft zu erkennen?"* und *„Welche Entwicklungstendenzen sind im Bereich der Korruptionsbekämpfung in Mexiko aufzuzeigen?"* mit weiterführenden Belegen beantworten zu können.

Die Befragung wurde zwischen dem 21. Oktober und 21. November 2008 persönlich in Mexiko-Stadt durchgeführt. Es wurde selbständig ein standardisierter Fragebogen konstruiert. Der Fragebogen liegt der Anlage 2 in Originalform (spanischer Sprache) bei. Befragt wurden 48 Passanten in Mexiko-Stadt.

Der Fragebogen ist in fünf thematische Bereiche aufgeteilt. Der erste Bereich beinhaltet *demografische Angaben* über den Befragten. Dazu gehören Geschlecht, Alter, Familienstand, Anzahl der Personen im Haushalt und der Bildungsstand.

Der zweite thematische Bereich orientiert sich an der *ausgeübten Tätigkeit* der Befragten. Dieser Bereich wurde vorgesehen, um Zusammenhänge zwischen dem Grad der Beschäftigung und der Neigung zur Korruption herauszustellen. So konnten Forschungsfragen wie „Sind höher qualifizierte Bürger mehr korrupt als geringer Qualifizierte?" wissenschaftlich beantwortet werden.

Durch den dritten Teil des Fragebogens wird angestrebt, die Einstellung der Bevölkerung über Korruption herauszufinden. Einen wichtigen Schwerpunkt bildete dabei die Unterscheidung zwischen einer gerechtfertigten und nicht gerechtfertigten Zahlung für Dienstleistungen in der Verwaltung.

---

[2] Schnell 2005, S. 5.

Der vierte Bereich des Fragebogens erfasst die Einschätzung der Bevölkerung über die *Erscheinung* und mögliche *Ursachen der Korruption* in der mexikanischen Gesellschaft.

Der abschließende Bereich befragt die *Effektivität* der bereits existierenden *Bekämpfungsmaßnahmen* sowie die weiteren möglichen Maßnahmen der Korruptionsbekämpfung.

Um die Bereitschaft der Mexikaner zu erhöhen, ihre persönliche Einstellung über ein heikles Thema wie Korruption mitzuteilen, wurden kurze geschlossene Fragen formuliert. Durch die Vorgabe der Antwortmöglichkeiten sollte eine höhere Beantwortungsquote sichergestellt werden. Um die Anonymität der Befragten zu wahren, sollten diese den Fragebogen selbständig ausfüllen. Alternativ- und Mehrfachnennungen waren möglich.[3] Die Antwortskalen (Intensität, Häufigkeit, Rangfolge) beschränkten sich auf drei Antwortmöglichkeiten. Weiterführende Informationen über die Skalierung sowie die Form des Fragebogens sind in dem Anhang zu finden.

1.2.2 Die Beobachtung

Diese Datenerhebungstechnik wurde als Ergänzung zu dem standardisierten Fragebogen gewählt. Durch eine systematische Beobachtung wurden Verhaltensweisen und Reaktionen erfasst. Während der Vorbereitung der Feldforschung hat sich herausgestellt, dass die Mexikaner nicht gewohnt sind, Fragebögen selbständig auszufüllen. Diese Annahme stellte sich während der Beobachtung in Mexiko-Stadt heraus. Die Beobachtung fand an sieben Tagen auf dem zentralen Platz „Bellas Artes" im Zentrum von Mexiko-Stadt statt. Nach persönlicher Auskunft des statistischen Amtes INERGI werden an diesem Ort die meisten Befragungen von unabhängigen Organisationen und Firmen durchgeführt. Die Fragebogenkultur der Mexikaner beschränkte sich darauf, dass die Interviewer die Fragen vorgelesen und die laut mitgeteilten Antworten der Befragten notierte. Dies bestätigte sich bei allen 16 Beobachtungen, die in dieser Zeit auf dem Platz „Bellas Artes" durchgeführt wurden. Aus diesen Erkenntnissen, konnten praktische Anwendungshinweise für die eigene Befragung entnommen werden.

---

[3] Schnell 2005, S. 331.

1.3 Stand der Forschung

Die ersten Ansätze zur Korruptionsforschung kamen in den 1960er und 1970er Jahren auf. Den zentralen Punkt bildete die Fragestellung, ob Korruption der wirtschaftlichen Entwicklung schadet. Da die Klärung dieser Frage in der Zeit nur bei der theoretischen Argumentierung geblieben ist, stellte sich später die Frage, ob jemand die Realität der Korruption wirklich erfasst hat? Solche Fragen lassen sich nur empirisch beantworten.[4] Die ersten Schritte in der empirischen Korruptionsforschung hat der englische Wirtschaftswissenschaftler Paolo Mauro gemacht. Er verglich die Daten des Freedom House und somit zeigte er die Auswirkungen der Korruption auf die Wirtschaft auf. Anfang der 1960er Jahre bestand keine Einigkeit der Forscher über die tatsächlichen Auswirkungen der Korruption. Die Überlegungen gingen von der positiven Auswirkung der Korruption bis hin zur fördernden Kraft der Korruption aus.

Seit dem Entstehen von internationalen Organisationen wie Transparency International (TI) besteht immer mehr Einigkeit über die schädliche Wirkungen der Korruption für die Wirtschaft und die soziale Struktur eines Landes. Unzählige Studien beweisen die negativen volkswirtschaftlichen und betriebswirtschaftlichen Auswirkungen von Korruption. Da die Wirkungsforschung nicht Gegenstand der vorliegenden Untersuchung ist, und ihre Erwähnung würde den Rahmen der Untersuchung sprengen, werden diese Studien nicht weiterhin ausgeführt.

Ausgelöst durch die Erkenntnis und die Überzeugung der schädlichen Wirkung von Korruption, begann man auch Fragen nach ihren Ursachen zu stellen. Die Evidenz der Ursachenforschung mit besonderem Bezug auf den Bildungssektor und auf das Bildungsniveau der Beamten ist nicht weit ausgeprägt. Eine nennenswerte Studie in diesem Bereich stammt von dem deutschen Volkswirt, Johann Graf Lambsdorff. Der Schwerpunkt seiner Untersuchungen ist die ökonomische Theorie der Korruption. In seiner Studie untersucht er den Zusammenhang zwischen dem Wissensstand der Beamten und ihre Neigung zur Korruption. Wenn Beamte formal durch höhere Ausbildung und Eingangsprüfungen rekrutiert werden, so sei dieses negativ verknüpft mit dem Auftreten von Korruption.[5] Mauro betont lediglich die Unattraktivität des Bildungssektors bezüglich der Korruption:

---

[4] Vgl. Björn 2004, S. 185.
[5] Vgl. Lambsdorff 2005, S. 6.

> *„Education stands out as a particularly unattractive target for rent-seekers, presumable in large part because its provision typically does not require high-technology inputs to be provided by oligopolistic suppliers."*[6]

Ein wesentliches Problem der Forschung ist eine einheitliche Definition, die nach dreißig Jahren Korruptionsforschung noch nicht erreicht worden ist.[7]

Ein weiterer Problembereich der Korruptionsforschung zeigt sich in der tatsächlichen Erfassung von Korruption. Da korrupte Handlungen meist im Verborgenen stattfinden, ist ihre wirkliche Zahl und Form nicht zu erfassen.

Die meist verbreiteten Ursachenforschungen basieren auf internationalen Querschnittanalysen, wobei die Untersuchungsgegenstände die Relation zwischen Korruption und Entlohnung der Beamten[8] sowie den Zusammenhang wischen Korruption und dem Grad der Demokratisierung[9] betreffen. Sie weisen auf die wirtschaftlichen Folgen wie Inflation, sinkende Steuereinnahmen und auf die sozialen Folgen wie Armut, schlechte Entwicklung der Infrastruktur und ungleiche Verteilung hin. Ein nennenswertes Problem der Ursachenforschung ist, dass die etwas eindeutigeren empirischen Ergebnisse oft nicht die Ursachen und damit die Bekämpfung der Korruption, sondern deren Folgen betreffen.[10] Diese tragen teils aber dazu bei, Impulse in Richtung Korruptionsbekämpfung zu geben.

---

[6] Mauro 1998, S. 278.
[7] Vgl. Rabl 2009, S. 26.
[8] Vgl. Spinellis 1996, S. 25. Die viel beachtete Studie über den Zusammenhang zwischen Korruption und Entlohnung der Beamten von Spirellis besagt, dass höhere Löhne den Beamten einiger Länder überhaupt erst ermöglichen würden, ohne Annahme von Bestechungsgeldern ihren Lebensunterhalt zu bestreiten.
[9] Vgl. Treismans 2000, S. 23. In der vorgelegte Studie ist zu lesen, dass es keinen signifikanten Einfluss hat, ob ein Land aktuell demokratisch regiert wird oder nicht. Weniger korrupt sind allerdings Staaten mit langjähriger ununterbrochener Demokratie (1950 bis 1995).
[10] Vgl. Björn 2004, S. 194.

2 Die Korruption

Korruption gibt es, seit es eine Geschichte des Menschen gibt.[11] Das Phänomen wurde lange Zeit von der empirischen Forschung nicht behandelt, was auch in der Natur der Korruption liegt. Die Beschäftigung mit diesem Thema ist für die Politikwissenschaft häufig eine Gratwanderung zwischen wissenschaftlicher Analyse und Journalismus.[12] Das empirische Material ist selten systematisch entstanden. Erst akribische Recherchen und Hintergrundberichte der Journalisten haben es ermöglicht, die verdeckten korrupten Handlungen von politischen- und Wirtschaftsakteuren ans Licht zu bringen. Die daraus resultierende Skandalisierung[13] von Ereignissen der Tagespolitik wurde im Nachhinein von der Politikwissenschaft interpretiert.[14] Aber nicht jedes korruptes Verhalten wird skandalisiert. Die Sichtweise und die Beurteilung der Korruption haben sich im Laufe der Zeit stark gewandelt. Je nach Land, politischer Kultur, gesellschaftlichen und wirtschaftlichen Normen variieren die Maßstäbe für die Beurteilung von korruptem Verhalten.[15]

2.1 Begriff der Korruption

Wie bereits angedeutet, fehlt eine allgemein anerkannte Definition für den Begriff Korruption[16]. Die Entwicklung einer einheitlichen Definition gestaltet sich besonders schwierig, da das Phänomen „je nach Kultur, historischen Zeitpunkt, politischen und ökonomischen System"[17] äußerst wandlungsfähig und zudem stark von der Perspektive und Intention des jeweiligen Betrachters abhängig ist.[18]

Der Ursprung des Wortes Korruption geht auf das lateinische „corrumpere" zurück, das mit verderben, vernichten und bestechen gleichgesetzt wird.[19] Korruption ist die seit dem 17. Jahrhundert geläufige Bezeichnung für Sittenverfall, Bestechlichkeit und Bestechung[20].

Im juristischen Sinn wird Bestechung, Bestechlichkeit, Vorteilsannahme und Vorteilsgewährung[21] mit dem Begriff Korruption äquivalent verwendet.[22] Diese Begriffe

---

[11] Vgl. Noack 1985, S. 36.
[12] Vgl. Sturm 2003, S. 54.
[13] Vgl. Neckel 1986, S. 584.
[14] Vgl. Sturm 2003, S. 53.
[15] Vgl. Bluhm 2002, S. 9.
[16] Vgl. Schick 1981, S. 577.
[17] Vgl. Heberer, 1991, S. 15.
[18] Vgl. Vahlenkamp 1995, S. 251.
[19] Vgl. Langenscheidt 2001.
[20] Vgl. Pritzl 1997, S. 15.

werden hier nicht weiter erläutert, weil ihre juristische Definition je nach Land und gesetzlichen Bestimmungen variieren.

Der norwegische Wissenschaftler Amundsen unterscheidet weiterhin zwischen Unterschlagung, Bestechung, Betrug, Erpressung und Vetternwirtschaft.[23] Diese universell anwendbare Bestimmungen überträgt er in seiner Forschungen auf den Bildungsbereich und definiert die Begriffe folgendermaßen. Unter Unterschlagung versteht der einen Diebstahl, bei dem der Beamte öffentliche Mittel veruntreut. Ein Beispiel dafür sei der Missbrauch von Geldmitteln, die für den Bau einer Schule oder eines Krankenhauses vorgesehen sind, jedoch für die Finanzierung von politischen Kampagnen verwendet werden.[24] Bei der Bestechung im Bildungsbereich handelt es sich nach Amundsen um materielle, immaterielle oder monetäre Zahlungen, die in einer korrupten Beziehung genommen oder gegeben werden. Ein Beispiel dafür ist die Bestechung bei der Rekrutierung von Lehrern, den Fall inbegriffen, wenn der Lehrer nicht die nötigen Anforderungen für die Einstellung besitzt und aufgrunddessen den Anwerber besticht. Den Betrug definiert Amundsen als ökonomisches Verbrechen, das Betrügerei und Täuschung beinhaltet. Als Beispiel dient der Kauf von gefälschten Studienabschlüssen sowie Zahlungen von Gehältern an „Geist-Lehrer". Die Erpressung wird nach Amundsen als Nötigung, Einsatz von Gewalt oder Drohung, um an Geld oder andere Mittel zu kommen, gesehen. Dieser Fall kommt seltener vor als die anderen Bereiche, ist dem Bildungssektor jedoch nicht unbekannt. Es handelt sich beispielsweise um illegale Zahlungen, die Eltern zu leisten haben, um ihre Kinder in einer Schule aufnehmen zu lassen. Die Vetternwirtschaft ist die meist verbreitete Form von Korruption in der Bildung. Hierbei handelt es sich um Missbrauch von Macht für „Privatisierung" von staatlichen Mitteln. Besondere Erscheinung dieser Art von Korruption ist nach Amundsen die Begünstigung von Familienmitgliedern oder Einstellung von Menschen, die einer bestimmten politischen Partei angehören oder aktive Mitglieder der Lehrergewerkschaft sind.[25]

---

[21] Das deutsche Strafgesetzbuch (StGB) unterscheidet zwischen Vorteilsannahme (§ 331), Bestechlichkeit (§ 332), Vorteilsgewährung (§ 333) und Bestechung (§ 334).
[22] Vgl. Heberer 1991, S. 15.
[23] Vgl. Amundsen 2007, S. 58.
[24] Vgl. Amundsen 2007, S. 57.
[25] Vgl. Amundsen 2007, S. 58.

Die meist verbreitete Definition für den Begriff Korruption beschreibt Verhaltensweisen, die als korrupt bezeichnet werden. Diese bereits als „klassische"[26] Definition verwendete Beschreibung der Korruption zeig die Mehrdimensionalität dieses Begriffs. Sie stammt von dem amerikanischen Soziologen Nye. Er versteht unter Korruption das Verhalten:

> *"which deviates from the formal duties of a public role because of private-regarding (personal, close family, private clique) pecuniary or status gains; or violates rules against the exercise of certain types of private-regarding influence. This includes such behaviour as bribery (use of reward to pervert the judgment of a person in a position of trust); nepotism (bestowal of patronage by reason of ascriptive relationship rather than merit); and misappropriation (illegal appropriation of public resources for private-regarding uses)."*[27]

2.1.1 Klassifizierung der Definitionen

Der Begriff Korruption eignet sich vielmehr zur Kategorisierung bestimmter Verhaltensweisen als zur Festlegung einer strikten Definition.[28] Eine umfassende Definition, die allen Erscheinungen gerecht wird, kann es wegen ihrer Vielschichtigkeit nicht geben.[29] Je nach wissenschaftlichem Forschungsfeld, finden sich politikwissenschaftliche Begriffsbestimmungen und Konzeptionen neben sozialwissenschaftlichen und wirtschaftswissenschaftlichen Deutungsversuchen.

2.1.1.1 Politologischer Ansatz

Der politologische Ansatz definiert Korruption als Gesamtphänomen und politische Korruption als Teilmenge, die sich auf Korruption in der Politik bezieht.[30] Unter dem Begriff politischer Korruption wird nicht nur die Korruption im politisch-parlamentarischen Bereich verstanden, sondern auch diejenige in der Verwaltung.[31] Es scheint einen breiten Konsens zu geben, dass ein Akt der Korruption nur von einem Akteur begangen werden kann, der ein „Amt" oder eine amtsähnliche Position innerhalb eines normativ geregelten sozialen Kontextes innehat.[32] Ein korrupter Akt eines Amtsinhabers – aus einer beliebigen der drei Gewalten Legislative, Judikative oder

---

[26] Vgl. Pritzl 1991, S. 55.
[27] Nye 1967, S. 427.
[28] Vgl. Nagel 2007, S. 32.
[29] Vgl. Bannenberg 2002, S. 13.
[30] Vgl. Alemann 2005, S. 20.
[31] In dem weiterem Verlauf wird die politische Korruption auch die Korruption in der Verwaltung inbegriffen, falls nichts anderes angegeben.
[32] Vgl. Zimmerling 2005, S. 77.

Exekutive, inklusive der öffentlichen Verwaltung als einem Teil der Exekutive – besteht immer darin, sein öffentliches Amt für private Zwecke zu missbrauchen.[33] Diese Vorteile müssen nicht für Entscheidungsträger selber anfallen, korrumpierendes Verhalten kann auch darauf abzielen, Vorteile bei Dritten anwachsen zu lassen.[34] Hierunter fallen die klassischen Fälle des Nepotismus als Familienbegünstigung oder des politischen Klientelismus, aber etwa auch der Ämterpatronage in beruflichen Positionen aus parteipolitischen Gründen.

2.1.1.2 Soziologischer Ansatz

Nach dem Soziologen Kurt Freisitzer stellt Korruption eine „Form abweichenden Verhaltens"[35] dar mit dem Ziel, für sich und/oder andere besondere Vorteile zu erlangen. Das betreffende Verhalten (Tun, Dulden, Unterlassen) widerspricht formellen und/oder informellen Verhaltensvorschriften, es verletzt somit ethisch-moralische Standards jenes sozialen Systems (einer Gesellschaft, Organisation, Gruppe), in dem es stattfindet.[36] Die moralischen Standards einer Gesellschaft sind von den Erfahrungen der Menschen abhängig. Die Erfahrungen und die daraus zu ziehenden Schlüsse prägen schließlich das individuelle Verhalten.

2.1.1.3 Ökonomischer Ansatz

In der Ökonomie wurde Korruption zunächst kaum als Problem rezitiert.[37] Die neoliberalen Ökonomien sahen den Staat und die Bürokratie als Hauptstörfaktoren für die freie Marktwirtschaft und begrüßten sogar, wenn Staatsbürokratien endlich durch materielle Leistungen umgangen werden konnten.[38] Nach dem Zweiten Weltkrieg und auch in den durch den Kalten Krieg zerstörten Ländern lag der politische und wirtschaftliche Schwerpunkt auf dem Wiederaufbau durch Wachstum, durch Bekämpfung von Armut und Förderung wirtschaftlicher Kooperationen. Seit den 1960er Jahren sahen sich die Industriestaaten verpflichtet, die Sicherheit und den Wohlstand auch weltweit wieder herzustellen. Nach vierzig Jahren oftmals erfolgloser Entwicklungspolitik besteht heute in

---

[33] Vgl. Senturia 1931, S. 449. „…misuse of public office for private benefits…"
[34] Vgl. Morlok 2005, S. 135.
[35] Vgl. Freisitzer 1972, S. 15.
[36] Vgl. Freisitzer 1972, S. 16.
[37] Vgl. Alemann 2005, S. 22.
[38] Vgl. Di Francesco 2002, S. 540.

Wissenschaft und Praxis jedoch weitgehend Einigkeit darüber, dass Korruption der Hauptgrund fehlgeschlagener politischer, wirtschaftlicher und sozialer Entwicklungen ist.

In der Wissenschaft wird Korruption aus ökonomischer Sicht als Bestechung definiert, wobei Bestechung als Tausch anzusehen ist. Im Unterschied zu der gängigen Anwendung der Preistheorie handelt es sich allerdings um einen illegal durchgeführten Tausch. Das heißt, dass mindestens eine Seite gegen geltende Gesetze oder gegen allgemein anerkannte Verhaltensnormen verstößt.[39]

> *"Unter Korruption wollen wir also verstehen, dass ein Beamter sein Amt als einen Betrieb betrachtet, dessen Einnahmen er im Extremfall zu maximieren versucht. Das Amt wird zur „maximizing unit". Die Höhe seiner Einnahmen hängt dann also nicht ab von einer ethischen Einschätzung seiner Nützlichkeit für das Gemeinwohl, sondern eben von der Marktlage und von seiner Geschichtlichkeit, den Maximumgewinnpunkt auf der Nachfragekurve des Publikums herauszufinden."* [40]

Die renommierteste Erforscherin der politischen Ökonomie der Korruption, Susan-Rose Ackermann beschreibt Korruption als zweiseitiges Geschäft, zu dem sowohl bestechliche Beamte als auch korrupte Schmiergeldzahler gehören, die hauptsächlich mit der Maximierung persönlicher Gewinne beschäftigt sind.[41]

2.1.2 Kritik an der Begriffsbestimmung

Die in der wissenschaftlichen Forschung diskutierten und in dieser Studie bereits aufgeführten vielfältigen Termini sowie die unklaren Grenzen der Kategorien der Korruption lassen sich auf zwei Grunddifferenzierung zurückführen. Die erste Differenzierung geht der Frage nach der persönlichen Nutzung des öffentlichen Amtes nach, die zweite sucht nach einer Trennung zwischen materieller und immaterieller Abgrenzung von Vorteilsgewährung und Vorteilsnahme.

Korruption als missbräuchliche Inanspruchnahme eines öffentlichen Amtes für private Zwecke zu verstehen fordert zunächst die Klärung, was als privat und öffentlich anzusehen ist und welche Normen in einem öffentlichen Amt herrschen, um eine Handlungswidrigkeit erfassen zu können.

---

[39] Vgl. Imhof, 1998, S. 21.
[40] Klaveren 1957, S. 292.
[41] Vgl. Ackermann 2005, S. 198.

2.1.2.1 Persönlicher Gewinn des Amtsträgers vs. Amtspflicht

Wie bereits im Kapitel 2.1.1.1 erwähnt kann es bei einer missbräuchlichen Inanspruchnahme eines öffentlichen Amtes für private Zwecke ebenso um die Bereicherung für den anstiftenden Beamten wie auch um eine Bereicherung für Dritte gehen.[42] Hierdurch ist das Wort „privat" in seinem ursprünglichen Sinne nicht zu deuten. Deswegen soll eine andere Klassifizierung vorgenommen werden, um eine schärfere Trennung erzielen zu können.

Garzón Valdés schlägt eine Differenzierung zwischen allgemeinem und „extrapositionalem"[43] Gewinn vor. Damit meint er Gewinnen also, deren Erzielung durch das betreffende Amt nicht vorgesehen sind, unabhängig davon, ob sie privater oder persönlicher Natur sind. Die Bestimmung, was demnach als „intrapositionale" und was als „extrapositionale" Vorteile anzusehen sind, variiert je nach den herrschenden Normenkodex und Vorschriften in einem gegeben Land. Aus diesem Grund kann keine allgemeine und einheitliche Aussage über die Grenzen getroffen werden, da es sich je nach Land unterscheidet.

2.1.2.2 Unterschiede zwischen der korrupten materiellen und immateriellen Vorteilsgewährung und Vorteilsnahme

Wie bereits im Kapitel 2.1.1.1 erwähnt, mündet eine korrupte Tat nicht immer in eine materielle Vorteilsgewährung oder Vorteilsnahme. Im Fall der Ämterpatronage oder Vetternwirtschaft handelt es sich um eine immaterielle Vorteilsgewährung, also um etwas, das nicht mit Geldeinheiten auszudrücken ist. Darunter fällt beispielsweise ungerechtfertigte Bevorzugung von Bewerbern bei den Einstellungen, Beförderungen und anderen personellen Entscheidungen. In den meisten Fällen wird diese Bevorzugung zugunsten von Familienmitgliedern, Bekannten oder Freunden durchgeführt.[44] Im Falle einer Begünstigung von Amtsträgern oder Geschäftsleuten durch geschenkte Mitgliedschaften z.B. in teuren Golfklubs oder durch Vergünstigungen bei Fahrzeug- oder Wohnungskauf handelt es sich um eine materielle Vorteilsgewährung, da der zu verschenkende Gegenstand einen durch den Absatzmarkt bestimmten finanziellen Wert hat.

---

[42] Vgl. Bluhm 2002, S. 149.
[43] Vgl. Valdés 2005, S. 149.
[44] Vgl. Grupp 2001, S. 67.

2.2 Klassifizierung der Erscheinungsformen

In Abhängigkeit vom Autor werden unterschiedliche Formen der Korruption genannt, teils in Bezug auf die Häufigkeit der Ausübung korrupter Handlungen oder aber bezüglich der Art und Weise der Begehung.

Die am meisten verbreitete Form der Korruption ist die einmalige, *situative* Korruption. Es handelt sich dabei um Bestechungstaten, denen oftmals ein aus einer Alltagssituation heraus entstehender spontaner Willensentschluss zugrunde liegt und die meistens nur von kurzer Dauer oder gar ein einmaliges Vorkommnis sind.[45] Weitaus komplexer stellt sich die große, langfristig angelegte, *strukturelle* Korruption dar. Unter diese Art von Korruption versteht man Straftaten, die wegen ihrer Häufigkeit und Intensität sowie aufgrund ihres Organisationsgrades als auf Dauer angelegt erscheinen.[46] Es handelt sich oft um jahrelang bestehende, auf gegenseitigem Vertrauen beruhende Abhängigkeiten und wechselseitige Geschäftsabwicklungen.[47]

Bei der Art und Weise der Begehung einer korrupten Handlung sind die beteiligten Akteure von Wichtigkeit. Je nachdem, welche Akteure in eine korrupte Handlung involviert sind, wird Korruption auf drei Ebenen beobachtet, die im Folgenden aufgeführt werden.

Diese Klassifizierung ist in der vorliegenden Untersuchung nicht als unabhängige Abgrenzung zu sehen. Da die Grenzen sehr unscharf sind, besteht die Möglichkeit, dass korrupte Handlungen, die typisch für die Politik sind, mit einer Handlung im wirtschaftlichen Bereich verflochten sind.[48]

2.2.1 Korruption auf Regierungsebene

Diese Art der Korruption wird auch als *„Grand Corruption"*, als große Korruption, bezeichnet. Hier wird der Staat als Beute für klientelistische Strukturen der herrschenden Elite betrachtet. Dies erfolgt im Rahmen von Landreformen bei der Zuweisung von Land an hohe Staatsbedienstete und politische Weggefährten, bei der betrügerischen Privatisierung von Staatsbetrieben und Import-Export Lizenzen oder bei Manipulationen bei öffentlichen Ausschreibungen für große Aufträge.[49] Im Bildungsbereich handelt es sich

---
[45] Vgl. Kaiser 1999, S. 31.
[46] Vgl. Kaiser 1999, S. 31.
[47] Vgl. Ahlf 1996, S. 154.
[48] Vgl. Mayer-Kuckuck 2007
[49] Vgl. BMZ 2002

nach Tanaka bei der großen Korruption z.B. um Betrug und Bestechung bei der Beschaffung von Gebäuden und Ausstattung für die Schulen.[50]

2.2.2 Korruption auf der Ebene der Schnittstelle von Bürger und Staat

Alltagskorruption oder auch „*Petty Corruption*" ist die Forderung von kleinerer Geldbeträge von Bürgerinnen und Bürgern durch Amtsträger. Mit Alltagskorruption beschreibt man Vorgänge, in denen Bürgerinnen und Bürger Geldbeträge von Amtsträgern fordern, um reale oder auch fiktive Unregelmäßigkeiten in deren Amtsausübung zu „übersehen". Die Unterscheidung zwischen großen Korruption und Alltagskorruption ist sinnvoll, da die Alltagskorruption mit korrupten Machenschaften von Machtpersonen der Politik und Wirtschaft wenige Gemeinsamkeiten aufweist.[51] Ihre Struktur betrachtend spricht man auch von situativer Korruption, da es um einmalige Zahlungen in geringer Summe geht. Die unterschiedliche Erscheinung „kleiner" korrupter Taten beinhaltet Schmiergelder zum Beispiel für die Beschleunigung der Passkontrolle bei der Einreise in ein Entwicklungsland oder den Bestechungsversuch der alkoholisierten Autofahrer, um den Führerschein zu behalten.

Im Bildungssektor sind auf dieser Ebene unterschiedliche Korruptionsarten zu finden. Eine der meist verbreiteten Korruptionsfälle auf dieser Ebene ist die Rekrutierung von Lehrern. Die Einstellung der Lehrer erfolgt ohne transparente Auswahl, d.h. ohne Prüfung ihrer Befähigung bezüglich der Lehrerstelle. In den Ländern, in denen bereits ein schriftlicher Einstellungstest existiert, erscheint eine korrupte Tat durch Manipulierung dieser Ergebnisse. Die Entscheidung über eine Einstellung hängt dann davon ab, ob der Kandidat bereit ist Geld zu zahlen oder dem Anwerber andere immaterielle Vorteile zu bieten.[52]

2.2.3 Korruption auf der Ebene des politischen Gemeinwesens

Diese Art von Korruption wird auch als „*Political Corruption*" genannt. Sie umfasst politische Einflussnahme durch unerlaubte Mittel und trägt zur Korruption in großem Maßstab bei, um politische Verbündete, Klientelstrukturen und Verwandtschaft zu entlohnen. Die am meisten verbreiteten Fälle der politischen Korruption sind Patronage, Stimmenkauf und Wahlmanipulation. Bei der politischen Korruption handelt es sich um gesetzeswidrige

---
[50] Vgl. Tanaka 2001, S. 159.
[51] Vgl. Imhof 1999, S. 43.
[52] Vgl. Heyneman 2003, S. 639.

Tätigkeiten zur Erlangung politischer Einflussnahme. In der einschlägigen Literatur unterscheidet man die Arrangements zwischen den Vertretern politischer Parteien und den Wahlberechtigten einerseits und zwischen Vertretern der politischen Parteien und vereinzelten Wahladministratoren andererseits.

Patronage bezeichnet die regelwidrige Bevorzugung verwandtschaftlicher, freundschaftlicher oder anderer Personen oder Personengruppen bei der Regelung des Zugangs zu einem öffentlichen Amt beziehungsweise der Leistung eines öffentlichen Amtes.[53]

Beim *Wahlstimmenkauf* als korrupte Tat handelt es sich um ein Ereignis, bei dem der Amtsträger (zum Beispiel ein Abgeordneter) gegen einen Geldbetrag oder Sachleistungen die Stimme eines Wählers kauft. Beispiele aus lateinamerikanischen Wahlkämpfen zeigen als nichtmonetäre Leistungen zum Beispiel Matratzen, Decken oder Eisschränke[54] Demzufolge führt der Amtsträger eine korrupte Handlung durch, da der Wähler ohne diese Tat nicht für den jeweiligen Amtsträger gestimmt hätte. Beim Stimmenkauf stehen auf der einen Seite die Vertreter der politischen Partei (Prinzipal und Agenten) und auf der anderen Seite die Bürger (Klient). Hier ist das Erlangen von Macht und Einfluss die Anreize für die politischen Vertreter. Dafür greifen sie vor und während der Wahlen zu korrupten Mitteln. Durch das Innehaben von öffentlichen Positionen spielen sie eine große Rolle bei der politischen Strukturbildung und somit auch im Rahmen der Willensbildung der Bürger.

Bei einer *Wahlfälschung* geht es um die bewusste Manipulation einer Wahl, um das Wahlergebnis in eine bestimmte Richtung zu verändern. Eine korrupte Handlung liegt in diesem Fall zum Beispiel bei der Zählung der Wahlstimmen vor, wie es in den 1980er Jahre der Partei der Institutionalisierten Revolution (Partido Revolucionario Institutional, PRI) in Mexiko vorgeworfen wurde.[55] Um eine Wahlmanipulation im Bildungssektor handelt es sich z.B. bei der Wahl des Bildungsministers oder, je nachdem, welche Rolle die Lehrergewerkschaft in dem gegebenen Land spielt, um die Wahl der Gewerkschaftsvorsitzenden. Der letztere Fall trat in Mexiko im Jahr 2004 auf, als Elba Esther Gordillo Morales nach ihrem manipulierten Wahlsieg zur Präsidentin der Nationalen Lehrergewerkschaft (Sindicato Nacional de Trabajadores de la Educación, SNTE) auf Lebenszeit ernannt wurde.[56]

---

[53] Vgl. Pritzl 1997, S. 56.
[54] Vgl. Bluhm 2002, S. 146.
[55] Vgl. Buss 2000, S. 190.
[56] Vgl. Cuellar 2007

Im Prozess des *Wahlbetrugs* werden die traditionellen Rollen zwischen dem Prinzipal, Agenten und Klienten vertauscht. Beim Wahlstimmenkauf erhält nicht mehr der Staatsbedienstete das Geld für den illegalen Dienst, sondern in diesem Fall bereichert sich der Bürger materiell oder immateriell. Entweder erhält er eine Ausgleichszahlung oder, in den ärmeren Regionen Mexikos, sogar Lebensmittel, Kleidung und Medikamente für den Zuspruch seiner Wahlstimme.[57] Die Häufigkeit des Wahlstimmenkaufs in Mexiko liegt zwischen 5 und 23 Prozent.[58] Dieser hohe Anteil ist u.a. darauf zurückzuführen, dass die Bevölkerung den gesetzeswidrigen Vorgang nicht als solchen wahrnimmt.

Zusammenfassend wird folgende Definition für die vorliegende Studie festgelegt:

> *Korruption ist eine Handlung von mindestens zwei Akteuren, wobei mindestens einer eine Position in einem öffentlichen Amt innehat und diese zum Erlangen eines extrapositionalen oder intrapositionalen Gewinns nutzt. Bei der Handlung selbst geht es um einen materiellen oder immateriellen Tausch.*

2.3 Theorie der Korruption. Das Prinzipal-Agent-Modell

Die Ursachen der Korruption lassen sich auf der Grundlage der Prinzipal-Agent-Theorie erklären. Mit Hilfe dieses Erklärungsansatzes kann Korruption als eine triadische Beziehung zwischen einem Prinzipal, seinem Agenten und einem Klienten beschrieben werden.[59] Im Zentrum des korrupten Aktes steht ein Vertrag zwischen dem Prinzipal und dem Agenten. „Der Agent, dem durch einen Vertrag mit dem Prinzipal systematisch besondere Entscheidungs- oder Handlungsmöglichkeiten (=Aktionen) eingeräumt sind, handelt oder entscheidet im Rahmen dieser Möglichkeiten regelwidrig und erhält dafür vom Klienten, der von dem Regelverstoß profitiert, eine Gegenleistung."[60] Der Vertrag zwischen dem Prinzipal und dem Agenten kann eigeninitiativ oder erzwungenermaßen gebrochen werden. Die triadische Konfiguration lässt sich am Besten mit den Akteuren eines Verwaltungshandels beschreiben. Ein hochrangiger Beamter (Prinzipal) erteilt aufgrund seines höheren Dienstranges einem Beamten untergeordneten Ranges (Agent), Kompetenzen. Mit Hilfe der Kompetenzen kann der Agent einem Klienten (z.B. Bürger) eine staatliche Dienstleistung anbieten.

---

[57] Vgl. TI 2004, S. 77.
[58] Vgl. TI 2004, S. 76.
[59] Vgl. Priztl 2002, S. 43.
[60] Dietz 1998, S. 29.

Der Austausch von Informationen bzw. Dienstleistungen erfolgt zum einen zwischen dem Prinzipal und dem Agenten und zum anderen zwischen dem Agenten und dem Klienten. Der Prinzipal wie auch der Agent verfügt wegen seiner Über- und Unterordnung über Informationen (Asymmetrie der Information), die für die andere Seite der Tauschbeziehung nicht einsehbar ist (versteckte Informationen). Der Prinzipal kann die Handlungen der Agenten nur soweit beobachten, wie es der Dienstvertrag der untergeordneten Agenten erlaubt. Zwischen dem Prinzipal und dem Agenten besteht ein institutionalisierter Tausch aufgrund formalrechtlicher Beziehung (Tausch zwischen Staatsbediensteten).[61] Ein eigeninitiatives Handeln des Klienten wird nicht erwartet. Für Verwaltungsleistungen der Beamten ist keine Gegenleistung durch den Klienten vorgesehen. Eine Gegenleistung vom Prinzipal an den Agenten für seine Verwaltungsleistung an den Klienten ist im Dienstvertrag geregelt (wie z.B. Besoldung).[62] Sofern der Klient eine Tauschbeziehung mit dem Agenten eingeht, gilt diese als korrupt.

Das Prinzipal-Agent-Klient-System beinhaltet eine Art von Macht, die durch eine asymmetrische Informationsverteilung ausgeübt wird.[63] Die Asymmetrie ergibt sich aus der hierarchischen Stellung der drei Akteure. Für den Agenten besteht die Möglichkeit seine Befugnisse zu missbrauchen indem er Informationen über Art und Umfang seiner Handlungen dem Prinzipal vorenthält *(versteckte Informationen/ Handlung).*[64] Beide Erscheinungen sind Unterformen des moralischen Risikos.[65] Diesen Informationsvorsprung nutzt der Agent, um für sich oder für Dritte einen Vorteil zu verschaffen. Es besteht ebenso die Möglichkeit, diejenigen Handlungsmöglichkeiten zu wählen, die für den Prinzipal nicht kontrollierbar sind.

Da dieses Ergebnis auch von anderen externen Faktoren, wie zufällige und zukünftige Ereignisse oder Handlungen Dritter bestimmt wird, kann der Prinzipal nicht vom Ereignis auf die Handlungen des Agenten zurück schließen. Der Agent kann unter diesen Umständen immer behaupten, dass ein mangelhaftes Ereignis auf Umstände, die er nicht zu vertreten hat, zurückzuführen sind.[66] Dadurch entzieht er sich einer Bestrafung.

---

[61] Vgl. Pritzl 2002, S. 44.
[62] Pritzl 2002, S. 45.
[63] Vgl. Richter 2003, S. 173.
[64] Vgl. Arrow 1985, S. 38.
[65] Vgl. Richter 2003, S. 174.
[66] Vgl. Richter 2003, S. 174.

Die theoretische Darstellung lässt sich an einem praktischen Beispiel einer korrupten Tauschbeziehung verdeutlichen. Folgendes Beispiel aus dem öffentlichen Dienst soll die Beziehungen zwischen den erwähnten Akteuren besser zur Geltung bringen. Die meistverbreiteten Korruptionsfälle in Mexiko finden im Polizeidienst statt.

Es besteht ein Vertrag zwischen dem Polizeichef (Prinzipal, P1) und dem Polizeibeamten (Agent, A1). Der Polizeibeamte hat aufgrund seiner formalrechtlichen Beziehung, die Anweisungen des Polizeichefs zu befolgen. Der Polizeibeamte erhält die Besoldung als Gegenleistung für seinen Dienst.[67] In dem Praxisbeispiel bedeutet dies, dass der Polizist von dem Schnellfahrer (Klient, K1) die rechtlich festgelegte Strafe verlangt. Ein korrupter Tausch erfolgt dann, wenn der Agent seinen Vertrag gegenüber dem Prinzipal bricht und er für die Straftat nicht die vertraglich vorgesehene Summe verlangt. Diese Tauschbeziehung kann auf Eigeninitiative des Klienten oder auf Erzwingen des Agenten erfolgen.

Da die vorliegende Untersuchung auch die Bekämpfung korrupter Handlungen erfasst, werden die möglichen Kontrollorgane und –wege, die sich aus einer Prinzipal-Agent-Klient Situation ergeben, analysiert. Je nachdem, von welchem Akteur die Initiative einer korrupten Handlung ausgeht stellen sich folgende Situationen dar:

Der erste Fall sieht einen korrupten Agenten vor. Die Initiative, korrupt zu handeln, geht von dem Agenten aus. Er bricht den Vertrag mit dem Prinzipal und nutzt seine Stellung, extrapositionale oder intrapositionale Vorteile zu erlangen. In diesem Fall kann der Prinzipal den Agenten durch Dienstvorschriften kontrollieren. Dies setzt voraus, dass Vorschriften existieren, die dem Prinzipal die vollständige Kontrolle über den Agenten ermöglicht. Der Klient ist in diesem Fall auch in der Lage, den korrupten Agenten zu kontrollieren. Es erfordert die Bereitschaft des Klienten, den Agenten für seine korrupte Handlung anzuzeigen.

---

[67] Vgl. Pritzl 2002, S. 44.

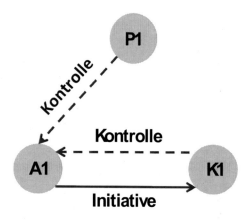

Abbildung 1: Initiative Agent (eigene Darstellung)

Wie es die Untersuchungen in Mexiko-Stadt gezeigt haben, kann es sich hier auch um einen Fall handeln, wo die Initiative einer korrupten Tauschbeziehung von dem Prinzipal ausgeht.

Nach diesem Modell ist der Initiator der Prinzipal. Er führt die korrupte Handlung nicht durch, sondern gibt dem Agenten Befugnisse, korrupt zu handeln. Hier tauchen zwei Fälle auf. In dem ersten Fall führt der Agent die Befugnisse des Prinzipals aus und verlangt extra Geld für die Handlungen, die ihm durch den ursprünglichen Vertrag mit dem Prinzipal nicht zusteht. Hierbei hat nur der Klient gegenüber dem Agenten Kontrollmöglichkeiten, da er mit dem Prinzipal nicht in Beziehung steht. Im zweiten Fall verweigert er die Ausführung der korrupten Anweisung. Durch den letzteren Fall kann der Agent den Prinzipal kontrollieren.

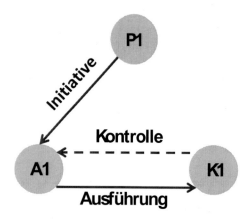

Abbildung 2: Initiative Prinzipal Fall 1 (eigene Darstellung)

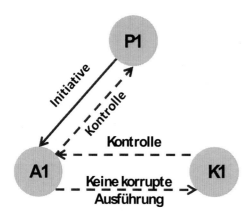

Abbildung 3: Initiative Prinzipal Fall 2 (eigene Darstellung)

Eine korrupte Tauschbeziehung kann aber auch durch den Klienten initiiert werden.

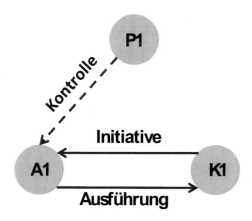

Abbildung 4: Initiative Klient (eigene Darstellung)

Diese Beziehung zwischen dem Agenten und dem Klienten definiert Höffling als einen interaktiven Prozess, der „auf Initiative wenn überhaupt, dann auf Seiten des Klienten erkennen lässt".[68] Im Idealfall ist die Kontrolle durch den Prinzipal gegeben. Dies setzt voraus, dass der Prinzipal nicht in der korrupten Tauschbeziehung eingebunden ist und er nach Dienstvorschriften handelt.

Die Analyse der triadischen Beziehungen und die möglichen Kontrollwege bilden die Grundlage für die Untersuchung der Korruptionsfälle und deren Ursachen in Mexiko. Die Analyse der Kontrollwege und der möglichen involvierten Akteure trägt dazu bei, dass die direkt oder indirekt betroffenen Akteure initiiert werden, korrupte Handlungen zu vermeiden, zu melden oder zu überwachen.

---

[68] Vgl. Höffling 2002, S.104

3 Bekämpfung von Korruption

Die jeweiligen nationalen Bekämpfungsmaßnahmen sind je nach Untersuchungsbereich auf ein bestimmtes politisches, wirtschaftliches oder soziales System beschränkt. Die Medien und die Öffentlichkeit können auch dazu beitragen, korrupte Machenschaften ans Licht zu bringen, die mögliche Strafe für eine Tat öffentlich zur Diskussion zu stellen. Durch die Medien kann eine kontinuierliche Kontrolle geleistet werden. In einigen Industrieländern sowie in Drittländern wird ein nationales Verständnis für Korruptionsbekämpfung aber erst durch internationalen Druck diverser Organisationen entwickelt. Die immer bedeutender werdende internationale Kooperation öffnet die Grenzen für einen internationalen Markt und erfordert allgemeingültige Standards für eine effektive und transparente Handelsbeziehung.

3.1 Die Anfänge der Korruptionsbekämpfung

Die ersten Grundsteine in Richtung internationale Korruptionsbekämpfung wurden in den Vereinigten Staaten von Amerika gelegt. Der Anlass für die Herausbildung einer internationaler Anti-Korruptionsnorm war der politische Ethikdiskurs in den Vereinigten Staaten von Amerika nach dem Watergate Skandal und der anschließenden Untersuchung von Geschäftspraktiken amerikanischer Unternehmen im Ausland durch die Kommission der Börsenaufsichtsbehörde der Vereinigten Staaten von Amerika (U.S. Security and Exchange Commission, SEC) im Jahr 1976.[69] Im Verlauf dieser Untersuchung stellte sich heraus, dass mehr als 600 amerikanische Firmen im Ausland aktiv bestochen hatten, um Aufträge zu erlangen.[70] Internationales Aufsehen erregte der Fall „Lockheed". Der amerikanische Flugzeughersteller Lockheed hatte zahlreiche westliche Regierungen, wie Japan, Italien, Belgien, Australien, die Niederlande und die Bundesrepublik Deutschland bestochen, um Großaufträge zu erlangen.[71] Der Imageverlust der USA als politische Führungsmacht des Westens war enorm und daher wurde als Folge ein Versuch gestartet, ihre Reputation mit dem Foreign Corrupt Practices Act, FCPA[72] wieder herzustellen. Das Gesetz enthielt strenge Buchhaltungsvorschriften für börsenkotierte Gesellschaften und Strafnormen sowohl gegen Individuen wie juristische Personen im Falle der Bestechung ausländischer Politiker und Amtsträger. Da die amerikanischen Firmen gegenüber ihren

---
[69] Vgl. SEC 2008
[70] Vgl. Moroff 2005, S. 448.
[71] Vgl. Bellers 2004, S. 82.
[72] Vgl. Salbu 1997, S. 249.

ausländischen Konkurrenten einen Wettbewerbsnachteil sahen, setze sich die amerikanische Regierung dafür ein, dass andere Länder und internationale Organisationen ihrem Beispiel folgten.[73] Die Internationalisierung der Anti-Korruptionsnormen blieb aber wegen des internationalen Sicherheitsdiskurses der 1970er Jahre aus.[74]

Die zweite Welle der internationalen Anti-Korruptionsvorhaben kam mit dem Ende des Ost-West-Konflikts. Die Transformation der vormals kommunistischen Länder hin zu liberaler Demokratie und Marktwirtschaft hat neue Impulse für die internationale Sicherheitspolitik gegeben. Der Sicherheitsbegriff der 1970er Jahre (*pollution, population, poverty, proliferation*)[75] wurde durch weitere Konzepte wie „good Governance", Rechtsstaatlichkeit und dem damit verbundenen Kampf gegen Korruption ergänzt. Ende der 1980er Jahre setzte sich weltweit schließlich die Erkenntnis durch, dass Fortschritt nicht nur eine Frage wirtschaftlicher Erfolge ist, sondern auch schwache Regierungen, willkürliche Rechts- und Justizsysteme, schlecht funktionierende Verwaltungen und Korruption Entwicklung behindern.[76] Die Bekämpfung von Korruption ist nicht nur ein Anliegen der Dritten Welt. Industrieländer sind ebenso angehalten, ihren internationalen Geschäftsverkehr übersichtlich zu gestalten, um eine transparente Handlung zu erzielen.

Dank der zahlreichen wissenschaftlichen Forschungsvorhaben und der Ergebnisse von Langzeitstudien, regen die Folgen der Korruption heute immer mehr öffentliche Diskussionen an. Ebenso durch die Medien und durch die wachsende soziale Verantwortung multinationaler Unternehmen[77] rückt das „Krebsübel der Gesellschaft"[78] immer mehr ins Rampenlicht.

Eine nachhaltige Bekämpfung von Korruption setzt weitreichende Kenntnisse des Phänomens und dessen Ursachen voraus. Auch wenn nicht ausgeschlossen werden kann, dass Korruption in bestimmten Fällen teilweise positive Auswirkungen haben kann, orientiert sich diese Studie an den negativen Folgen, unabhängig vom tatsächlichen Grad der Schadens[79].

---

[73] Vgl. Morhoff 2005, S. 448.
[74] Vgl. Morhoff 2005, S. 448.
[75] Vgl. Morhoff 2005 S. 449.
[76] Vgl. BMZ 2008
[77] Vgl. Ackermann 2005, S. 201.
[78] Vgl. Bannenberg 2007, S. 216.
[79] Vgl. Björn 2004, S. 186. Korruption kann eventuell sogar nützlich sein– als Leistungsanreiz für Bürokraten, die für ihre Klientel etwas tun und helfen, unsinnige Regulierungen zu umgehen und schnellen Marktzutritt zu erhalten.

Um Korruption bekämpfen zu können, ist ein bewusstes Bekenntnis zur negativen Auswirkungen von Korruption erforderlich. Um dieses Bekenntnis zu fördern und konkrete Maßnahmen durchsetzten zu können, ist das Engagement der national und international agierenden Akteure von wesentlicher Bedeutung. Seit den 1990er Jahren ist eine rasante Entwicklung im Bereich der Korruptionsbekämpfung festzustellen.

> *"Campaigns against corruption are hardly new. But this decade is the first to witness the emergence of corruption as a truly global political issue eliciting a global political response. (...) The 1990s, we would predict, are unlikely to pass without the achievement of significant legal and institutional anti-corruption reforms."*[80]

Im Folgenden sollen einige der bedeutsamsten Initiativen und deren Regelungsbereiche kurz umrissen werden.

Die ausgewählten drei Organisationen leisten eine bedeutsame Antikorruptionsarbeit. Die Untersuchung ihrer Maßnahmen trägt dazu bei, die Entwicklung der Korruptionsbekämpfung zu verdeutlichen. Mit Hilfe der untersuchten Handlungen werden die einzelnen Entwicklungstendenzen in diesem Bereich interpretierbar gemacht. TI verfügt über einen nationalen Zweig in Mexiko, Transparencia Mexicana (TM), und kooperiert mit der Regierung, Wirtschaft und Gesellschaft. Die Weltbank mit einem Sitz in Mexiko-Stadt unterstützt neben entwicklungspolitischen Projekten auch Bildungsprojekte in Mexiko. Das Unterzeichen der Antikorruptionskonvention der Organisation für wirtschaftliche Zusammenarbeit und Entwicklung (Organisation for Economic Co-operation and Development, OECD) 2007 war ein Meilenstein für Mexiko in der Bekämpfung der Korruption und dieses Engagement hat ein bedeutendes Signal auch in Richtung internationale Kooperation gesetzt. Diese Konvention hat eine indirekte Auswirkung auf das Bildungssystem in Mexiko. Ihre wirtschaftliche Bedeutung und ihre Rückkopplung auf die korruptionsfreie Entwicklung des Landes spielt aber auch bei der Gestaltung und Finanzierung des Bildungssystems eine wichtige Rolle.

3.2 Akteure und Maßnahmen der Bekämpfung von Korruption

Im Folgenden werden die Tätigkeitsfelder der Organisationen vorgestellt und ihre Korruptionsbekämpfungsmaßnahmen behandelt. Zu Beginn werden die grundlegenden Instrumente zur Korruptionsforschung der jeweiligen Organisationen kurz umrissen. Um

---

[80] Glynn 1997, S. 7.

das Vorhaben der vorliegenden Untersuchung zu rechtfertigen, werden die Tätigkeiten untersucht, die den Bildungsbereich betreffen. Dabei wird davon ausgegangen, dass die allgemeinen Maßnahmen und Instrumente die Basis für die Korruptionsforschung im Bildungsbereich bilden. Da die Bereiche der nationalen und internationalen Wirtschaft, Politik und Justiz direkt oder indirekt Auswirkungen auf die Handlungen im Bildungsbereich haben, werden diese zuerst untersucht. Der Bildungssektor wird dementsprechend als ein Vertiefungsbereich verstanden.

3.2.1 Transparency International (TI)

Die 1993 von der vom ehemaligen Direktor der Weltbank für Ostafrika, Peter Eigen gegründete TI ist eine weltweit agierende nichtstaatliche Organisation. Zur ihren Grundprinzipien gehören Integrität, Verantwortlichkeit, Transparenz und Partizipation der Zivilgesellschaft. Die Einrichtung ist in mehr als 90 Ländern vertreten. Die nationalen Sektionen sind an der Willensbildung von TI auf internationaler Ebene voll beteiligt.[81]

3.2.1.1 Rolle der TI in der Korruptionsbekämpfung

Die wesentliche Aufgabe der TI besteht darin, Transparenz auf politischer, wirtschaftlicher und sozialer Ebene zu fördern und dadurch Korruption nachhaltig zu bekämpfen.

TI arbeitet mit Akteuren aus der Politik, Wirtschaft und Zivilgesellschaft zusammen sowie kooperiert mit nationalen und internationalen Organisationen, einschließlich der Europäischen Union (European Union, EU), den Vereinten Nationen (United Nations, UN), der OECD, der Weltbank, den Regionalen Entwicklungsbanken und der Internationalen Handelskammer (International Chamber of Commerce, ICC) in Paris.

3.2.1.2 Allgemeine Maßnahmen der TI gegen die Bekämpfung der Korruption

Das wichtigste Instrument der TI in der Korruptionsforschung ist der Korruptionswahrnehmungsindex (Corruption Perception Index, CPI). Mit diesem Instrument wird die Wahrnehmung der Korruption in der Bevölkerung gemessen. Die auf der CPI basierenden Forschungsergebnisse werden in ihrem Jahresbericht (*Annual Report*) regelmäßig veröffentlicht. Der Bericht gibt die Wahrnehmung der Korruption in 180 Ländern an. Hier werden Länder nach dem Grad aufgelistet, in dem Korruption bei

---

[81] Vgl. Eigen 2003, S. 16.

Amtsträgern und Politikern wahrgenommen wird. Dieser zusammengesetzte Index stützt sich auf verschiedene Umfragen und Untersuchungen. Hierbei werden Geschäftsleute sowie Länderanalysten befragt und Umfragen mit Experten im In- und Ausland einbezogen. Der Index geht von 0 bis 10, wobei 10 die geringste Wahrnehmung der Korruption anzeigt.

Mit dem im Jahr 2007 veröffentlichten Globalen Korruptionsbarometer (Global Corruption Report, GCR) versucht TI auf die Auswirkungen von Korruption in verschiedenen Lebensbereichen aufmerksam zu machen und die Prioritäten der Korruptionsbekämpfung zu erfragen. Im Gegensatz zu dem CPI können bei dem GCR Differenzierungen in einzelnen Bereichen vorgenommen werden: etwa politischen, privaten und familiären oder wirtschaftlichen. Beim CPI werden ausschließlich Experten und Entscheidungsträger befragt. Die Grundlage für das Korruptionsbarometer bildet die Einschätzung eines Bevölkerungsdurchschnitts.

Ein nächstes wichtiges Instrument in der Korruptionsforschung ist der Bestechungszahler Index (Bribe Payers Index, BPI). Hier werden die führenden Exportstaaten aufgelistet, die bereit sind, Unternehmen oder ranghohe Beamten im Ausland Schmiergelder zu zahlen.[82] Eine Rangliste gibt an, welche Länder Geld zahlen, um im Ausland Geschäfte abschließen zu können oder im Geschäft zu bleiben.

Ziel der internationalen TI-Berichte ist es, die Bevölkerung auf der ganzen Welt auf die schädlichen Folgen der Korruption aufmerksam zu machen und einen Dialog zwischen Regierung, Zivilgesellschaft und Privatwirtschaft anzuregen. Je nach länderspezifischen Problemen setzt sich TI stark für den Kampf gegen Korruption in der Justiz, Politik oder Wirtschaft ein und entwickelt Präventionsmaßnahmen sowie Gesetzesentwürfe.

3.2.1.3 Bildungspolitische Maßnahmen von TI

Laut der globalen Prioritäten von TI ist Bildung in der Bekämpfung von Korruption von zentraler Bedeutung. Die Unterrichtung des ethischen Handels in den Schulen trägt zur Entwicklung eines verantwortungsvollen Bewusstseins bei und führt somit zu einer Verhinderung und Bekämpfung von Korruption. Das Problem vieler Entwicklungsländer ist aber, dass das Schulsystem selbst korrupt ist. Wenn die Bedeutung von Geld bei dem

---

[82] Vgl. Eigen 2003, S. 16.

Erwerb eines Abschlusses gegenüber der Lernleistung überwiegt, verliert das Lernen an Wert.[83]

Die wesentliche Arbeit der TI bezüglich der Bekämpfung von Korruption im Bildungsbereich orientiert sich auf zwei Richtungen. Die eine Richtung konzentriert sich auf die Antikorruptions-Bildung der Bevölkerung und die zweite auf die Korruption im Bildungsbereich selbst. Ziel der Antikorruptions-Bildung ist einerseits, die Einzelpersonen bei ihrer ethischen Entscheidungsfindung zu stärken. Dieser Einfluss auf das Individuum soll bewirken, dass unethische und korruptionsfördernde Aktivitäten innerhalb der Familien erkannt werden und sie sich bewusst dagegen aussprechen. Andererseits bemüht sich TI eine „Null-Toleranz" Kultur gegen Korruption zu entwickeln. Dies geschieht dadurch, dass sie das öffentliche Bewusstsein stärken und die Teilnahme am politischen Leben fördern.[84] Diese Aktivitäten geschehen durch Seminare zur Unterrichtung über Menschenrechte, über Rechte und Pflichte als Staatsbürger und Wähler sowie über ethisches Handeln in de privaten und öffentlichen Sektor.

Den zweiten Pfad in dem Antikorruptionsprogramm der TI bildet eine Analyse des Bildungssystems. Hierbei werden die Strukturen der Institutionen sowie ihren Arbeitsweisen untersucht. Dann versucht TI in der Kooperation mit der Regierung, die korruptionsfördernde Abläufe und Tätigkeiten zu beseitigen.

3.2.2 Die Weltbank

Die in Washington D.C. angesiedelte Weltbankgruppe als eine Sonderorganisation der UN, wurde 1945 gegründet. Die Weltbank, die Internationale Entwicklungsorganisation (International Development Association, IDA), die z.B. günstigere Kredite als die Weltbank für ärmere Entwicklungsländer vergibt, die Internationale Finanz-Corporation (International Finance Corporation, IFC), die auch private Direktinvestitionen in Entwicklungsländer fördert, und die Multilaterale Investitions-Garantie-Agentur (Multilateral Investment Guarantee Agency, MIGA), die Garantien gegen politische Ausfallrisiken von privaten Direktinvestitionen übernimmt, bilden zusammen die Weltbankgruppe.[85] Zu den Hauptaufgaben der Weltbankgruppe gehören die Vergabe von Finanzhilfen, die Gewährung von technischer Hilfe bei Entwicklungsprojekten und die

---
[83] Vgl. TI 2005-1
[84] Vgl. TI 2005-1
[85] Vgl. BPB 2004

Koordinierung von Entwicklungshilfe und Zusammenarbeit mit anderen Entwicklungshilfeorganisationen.

3.2.2.1 Die Rolle der Weltbank bei der Kontrolle der Korruption

Bis vor Kurzem war für die Weltbank das Thema Korruption kaum vorhanden. Es gab zwar Instrumente zur Korruptionsbekämpfung, wie transparente Buchhaltung und Rechnungsführung für Entwicklungsprogramme sowie klar definierte Abläufe bei einer Auftragsvergabe, doch der Wille, Korruption in einem fremden Land zu bekämpfen war schwach ausgeprägt. Die Arbeit der Weltbank war von der Absicht geprägt, möglichst Konflikte zu vermeiden, wenn es zwischen der Regierung und anderen beteiligten Wirtschaftssubjekten zu Reibungen kommt.

> *„Ein Dilemma der Weltbank ist, dass sie als internationale Regierungsorganisation weitgehend eine Gefangene der Wünsche der Regierungen ist."*[86]

Sie ist daher rechtlich gehalten, alle Maßnahmen in einem Partnerland mit der dortigen Regierung abzustimmen. Die Regierungen sind aber bei der Korruptionsbekämpfung häufig eher das Problem als die Lösung.

Seit 1996 hat sich die Politik der Weltbank und dadurch ihr weiterführendes Engagement für eine aktive Bekämpfung der Korruption gravierend verändert.[87] Ausschlaggebend hierfür war insbesondere die Person des Weltbankpräsidenten James D. Wolfensohn, der eine Arbeitsgruppe ins Leben rief, die sich mit der Entwicklung von Rahmenbedingungen für eine zukünftige Korruptionsbekämpfung befasste.[88] Die Bank sieht ihre Hauptaufgabe darin, Regierungsprogramme bei Entwurf und Umsetzung zu unterstützen. Dies kann darin bestehen, dass auf Wunsch der Regierung spezielle Maßnahmen gegen Korruption unternommen werden, wenn diese im Rahmen ihres Mandates und Erfahrung liegen.[89] Dabei arbeitet die Bank mit anderen Organisationen, insbesondere mit internationalen Institutionen und bilateralen Geberorganisationen zusammen.

---

[86] Vgl. Pieth 1999, S. 243.
[87] Vgl. Eigen 2003, S. 12. Bis 1993 war Peter Eigen, der Gründer von der Nichtregierungsorganisation Transparency International bei der Weltbank beschäftigt und hat während seiner 25 Jährigen Karriere erste Impulse für Korruptionsbekämpfung gegeben, die aber erst mit dem Wechsel der Weltbankpräsidenten in Taten umgesetzt wurden. Seine ehemalige Frau äußerte sich der damaligen Situation zutreffend, dass die Weltbank „auf den Dächern geigt, während Rom brennt". Zit. Aus Eigen 2003, S. 12.
[88] Vgl. WB 1995-2
[89] Vgl. Pieth 1999, S. 243.

3.2.2.2 Allgemeine Maßnahmen der Weltbank in der Bekämpfung von Korruption

Zu den wohl bedeutendsten Reformen der Weltbank zählen die Beschaffungsrichtlinien für Weltbankprojekte. Diese Richtlinien werden in der Form von „Procurement Guidelines" als Bestandteil der Darlehensverträge bindend für die Vergabe von Aufträgen vorgeschrieben.[90] Besonders wichtigen Bestandteil bildet die Richtlinie in Punkt 1.15 mit dem Titel „Betrug und Korruption". Dieser Paragraph sieht vor, dass ein Unternehmen dauerhaft oder zumindest zeitlich befristet von Projekten der Weltbank ausgeschlossen werden kann, wenn diese feststellt, dass sich das Unternehmen bei der Bewerbung um einen von ihr finanzierten Auftrag korrupter oder betrügerischer Praktiken bedient gemacht hat.[91] Mithilfe der neuen Strategie zur Korruptionsbekämpfung sollen bei allen Kreditprogrammen und Projekten die Geldflüsse noch stärker kontrolliert werden. Sie können gestoppt oder verzögert werden, wenn die Regierungen nicht scharf genug gegen das Schwinden von Mitteln vorgehen.

3.2.2.3 Bildungspolitische Maßnahmen der Weltbank

In einigen Ländern des Südasiatischen Raums, Lateinamerika und Karibik und des Afrika Raums sind die Programme der Weltbank mehr indirekt auf eine Eindämmung der Korruption gerichtet. Es werden zum Beispiel Wirtschaftsreformen und die Stärkung von politischen- und Bildungsinstitutionen vorangetrieben um eine effektive Verwaltung und höhere Transparenz zu erreichen. Dabei kommt es auf die Bedürfnisse des jeweiligen Landes an, einen lokal relevanten, praktischen Ansatz zu finden.[92] Das kann in einem Land eine umfassende gesamtwirtschaftliche Reform sein, in einem anderen eine gezielte Investition in die Bildungspolitik. Letzteres ist ein eher seltener Fall, da die Regierungen der betroffenen Länder in der Bildung einen weniger Ertrag bringenden Sektor sehen und somit zur Verbesserung des Bildungssystems nur marginale Aufmerksamkeit schenken.

Die bildungspolitischen Maßnahmen der Weltbank sorgen dafür, dass die Bevölkerung die Möglichkeit hat, qualitativ hochwertige Bildung zu erhalten und dadurch eine bessere Zukunft zu erlangen. Die finanzielle Unterstützung der Weltbank trägt dazu bei, die Probleme der Entwicklungsländer wie Armut, mangelnde Gleichberechtigung oder niedrige

---

[90] Vgl. WB 1995-2
[91] Vgl. WB 1995-1
[92] Vgl. Pieth 1999, S. 244.

Beschäftigung zu bekämpfen und somit rückwirkend für die Wirtschaft ein ethisches Bewusstsein für die Abweisung der Korruption zu entwickeln.[93]

Die Kreditgewährung der Weltbank für bildungspolitische Maßnahmen begann 1963 und macht heute 9 Prozent ihrer gesamten Kreditvergabe aus. Somit ist der Bildungssektor der fünftgrößte Investitionsbereich.[94]

2008 hat die Weltbank 1,93 Milliarden US-Dollar für Bildungsprojekte ausgegeben. Im Vergleich zum Jahr 2007 sind es 95 Millionen US-Dollar mehr. Diese Projekte beinhalteten die Entwicklung von Bildungsrichtlinien und -strategien und die Stärkung von Institutionen und die Erweiterung ihrer Kapazitäten. Der größte Bereich ist das Grundschulwesen mit 20,05 Prozent der Gesamtinvestitionen. Im Vergleich zum Jahr 2008 ist hier eine Steigerung von 16 Prozent zu vermerken. Der zweitgrößte Teilsektor im Bildungssystem ist die berufliche Ausbildung. Im Jahr 2007 gingen 20,6 Prozent der Gesamtfinanzierung an berufsbildende Projekte und verzeichnete das beste Jahr für diesen Teilsektor.[95]

3.2.3 Organisation für wirtschaftliche Zusammenarbeit und Entwicklung (OECD)

Die Organisation für wirtschaftliche Zusammenarbeit und Entwicklung (OECD) wurde von 16 europäischen Ländern[96] in 1961 in Paris gegründet. Zurzeit gehören insgesamt dreißig Länder[97] zur OECD. Hauptziele der Organisation sind die Unterstützung einer nachhaltigen Wirtschaftsentwicklung sowie die Beschäftigungsförderung, um zu einem steigenden Lebensstandard der Mitgliedsstaaten beizutragen und eine Ausweitung des Welthandels zu begünstigen.

3.2.3.1 Die Rolle der OECD zur Korruptionsbekämpfung

Neben entwicklungspolitischen und wirtschaftlichen Zielen verfolgt die OECD seit 1997 eine grenzübergreifende Korruptionsbekämpfungspolitik. Oft haben sich international

---

[93] Vgl. Bretton 2006
[94] Vgl. WB 2008
[95] Vgl. WB 2008
[96] Vgl. OECD 2000 Gründungstaaten der OECD sind Belgien, Dänemark, Deutschland, Frankreich, Griechenland, Irland, Island, Italien, Japan, Kanada, Luxemburg, Niederlande, Norwegen, Österreich, Portugal, Schweden, Schweiz, Spanien, Türkei, das Vereinigte Königreich und die Vereinigten Staaten von Amerika.
[97] Vgl. OECD 2000 Weitere Mitgliedsstaaten sind Australien, Finnland, Italien, Japan, Mexiko, Neuseeland, Polen, Slowakei, Südkorea, Tschechien und Ungarn.

tätige Unternehmen darauf berufen, dass Korruption ein notwendiger Mechanismus zur Anwerbung von Auslandsaufträgen und damit zur Sicherung von Arbeitsplätzen im Inland sei.[98] Korrupte politische Systeme bringen Unternehmen oftmals in einen Konflikt zwischen moralisch vertretbarem und ökonomisch gebotenem Handeln. Die zahlreichen Untersuchungen verschiedener Wissenschaftler und Institutionen der vergangenen zehn Jahre haben die international agierenden Akteure auf die negativen Auswirkungen durch korrupte Handlungen hingewiesen. Die schweren volkswirtschaftlichen und betriebswirtschaftlichen Schäden waren nicht nur für das Kooperationsland, sondern ebenso für die Investoren von Bedeutung. Korruption führt zu Marktverzerrungen, was bedeutet, dass nicht der effizienteste Anbieter als Sieger aus dem Wettbewerb hervorgeht, sondern derjenige, der die beste Bestechungstaktik gewählt hat. Weiterhin behindert Korruption die wirtschaftliche Entwicklung eines Landes, da Korruption als eine zusätzliche Steuer wirkt, die insbesondere kleine Unternehmen überproportional belaste,[99] und die zudem mit enormen Unsicherheiten verbunden ist. Hinzu kommt, dass Korruption das ordnungsgemäße Funktionieren staatlicher Organe untergräbt und die Berechenbarkeit staatlicher Handlungen und Entscheidungen verhindert. Im schlimmsten Fall droht eine fortschreitende Erosion der politischen und rechtlichen Rahmenordnung.[100] Wichtige öffentliche Investitionen können zusätzlich vernachlässigt werden, sie keine korruptionsfreudige Lobby haben, wie zum Beispiel im Bildungssektor.

3.2.3.2 Allgemeine Maßnahmen der OECD gegen Bekämpfung der Korruption

Der OECD-Antikorruptionskonvention (OECD Convention on Combating Bribery of Foreign Public Officials in International Business Transactions) fällt also die wichtige Aufgabe zu, die Anreizstrukturen in der Politik und Wirtschaft so zu verändern, dass ehrliches Verhalten und bestechungsfreies Handeln zur dominanten Strategie wird.

Die OECD-Antikorruptionskonvention wurde im Jahr 1997 von den Mitgliedsländern sowie von fünf Ländern, die keine Mitglieder in der OECD sind, in Paris unterschrieben und trat am 15. Februar 1999 in Kraft. Artikel 1 der Konvention verpflichtet jeden Mitgliedstaat dazu, die Bestechung ausländischer Amtsträger genauso als Straftat zu behandeln, wie die Bestechung von inländischen Amtsträgern. Als Amtsträger gelten hier

---

[98] Vgl. Peter Eigen 1995, S. 162.
[99] Vgl. Hecker 2001, S. 8
[100] Vgl. Hacker 2001, S. 9.

alle Personen, die durch Ernennung oder Wahl ein Amt in Verwaltung, Justiz oder Politik innehaben oder für öffentliche Unternehmen beziehungsweise internationale Organisationen tätig sind.[101] Der Vertragstext definiert dabei die Bestechung des ausländischen Amtsträgers als das unmittelbare oder durch einen Mittelsmann vorsätzliche Anbieten, Versprechen oder Gewähren eines unbilligen finanziellen oder sonstigen Vorteils an einen solchen Amtsträger selbst oder einen Dritten, damit dieser in Ausübung seiner Dienstpflichten eine Handlung vornimmt oder unterlässt, um einen Auftrag oder einen anderen unbilligen Vorteil im internationalen Geschäftsverkehr zu erlangen oder zu behalten (Artikel 1). Die Definition der Verantwortlichkeit juristischer Personen (Artikel 2) und die Sanktionierung der Bestechungsaktivitäten gegenüber einem ausländischen Amtsträgers (Artikel 3) werden den Vertragspartnern überlassen und mit ihren jeweiligen Rechtsgrundsätzen begründet. Das Prinzip der funktionalen Äquivalenz, auf der die Konvention basiert, bedeutet, dass zahlreiche Bestimmungen des OECD-Übereinkommens nicht abschließend formuliert sind, sondern lediglich grundlegende Inhalte genannt werden, an die sich die innerstaatlichen Ausführungsnormen anzulehnen haben. Nach Artikel 4 Abs. 4 hat jede Vertragspartei zu prüfen, ob ihre geltende Rechtsgrundlage für die Gerichtsbarkeit bei der Bekämpfung der Bestechung ausländischer Amtsträger wirksam ist. Die Durchsetzung des Ermittlungsverfahrens und der Strafverfolgung wegen Bestechung wird im Artikel 5 beschrieben und ebenso auf das Vermeiden von zwischenstaatlicher Interessenvertretung hingewiesen. Die Geldwäschenormen (Artikel 7), die Bestimmungen zur Buchführung und Rechnungslegung (Artikel 8) sind weitere Bestandteile des Übereinkommens. Das Fehlen eines Auslieferungsabkommens zwischen den Mitgliedstaaten wurde durch Artikel 10 der OECD-Antikorruptionskonvention kompensiert und dadurch ein schnelles und unkompliziertes Handeln möglich gemacht. Schließlich erfolgt eine Verbesserung der staatenübergreifenden Zusammenarbeit durch die Überwindung diplomatischer Hürden, indem gem. Art. 11 OECD-Antikorruptionskonvention die Möglichkeit der direkten Kontaktnahme zwischen den von den Vertragsstaaten zu bestimmenden zuständigen Behörden bestehen soll. Die Forderungen nach ehrlichem Verhalten und nach einem bestechungsfreien Handeln in der Politik und Wirtschaft wurden in Artikel 17 formuliert.[102]

Die Konvention erhält ihre außerordentliche Durchsetzungskraft durch eine Serie von Überprüfungsverfahren (*Monitoring*). Die sog. Monitoring-Phase 1 diente der Überprüfung

---

[101] Vgl. Hacker 200, S. 16.
[102] Vgl. OECD 1997

der Übersetzung der Regeln ins nationale Recht. Diese Phase ist praktisch abgeschlossen. Die Monitoring-Phase 2 zielt darüber hinaus darauf ab, die Anwendungen des Vertrages und die Empfehlung durch Behörden und private Unternehmen zu überprüfen. In dieser Phase werden Evaluationsteams in das betreffende Land entsandt. Abschließend wird ein Bericht über die Umsetzung und Fortschritte der OECD-Antikorruptionskonvention erstellt und veröffentlicht. Im Bericht werden ebenso die Mängel und Probleme der Umsetzung beschrieben, um so zusätzlichen Druck auf das jeweilige Land auszuüben.

Seit März 2005 veröffentlicht die TI jährlich einen Bericht über die Fortschritte der Länder in Bezug auf die OECD-Antikorruptionskonvention. Dieser Bericht basiert auf den Berichten der Arbeitsgruppe für Maßnahmen gegen Korruption, *„Working Group on Bribery"* und auf die Analysen der hoch qualifizierten nationalen Experten der TI in jedem Land.

3.2.3.3 Bildungspolitische Maßnahmen der OECD

Der mexikanische Generalsekretär der OECD, Angel Gurría setzt auf ein starkes Engagement der Regierungen, der Lehrkräfte und der Eltern für Qualität in der Bildung. „Gute Bildung ist das wertvollste Kapital für die heutige und zukünftige Generation."[103] Die OECD trägt mit ihrer jährlichen PISA-Studie dazu bei, dass sich die Regierungen in der ganzen Welt bewusst darüber sind, wie das Bildungsniveau in dem jeweiligen Land ist. Durch die Analysen liefert die OECD Informationen, die dazu beitragen, das Problem einer mangelhaften Bildung zu erkennen. Der jährlich erscheinende Report *Education at a Glance*, „Bildung auf einen Blick", gibt einen Vergleich über internationale Bildungsstatistiken der Partnerländer. Schwerpunkte sind Bildungsergebnisse und Erträge, in Bildung investierte Finanz- und Humanressourcen, Bildungszugang, Bildungsbeteiligung und Bildungsverlauf sowie das Lernumfeld und die Organisation von Schulen.[104]

---

[103] Gurría 2008
[104] Vgl. OECD 2008

4 Mexiko - Eine Länderanalyse

Wie Korruption im Kapitel 2 bereits definiert wurde, ist ihre Erscheinung und Ursache länderabhängig. Die folgende Länderanalyse soll dazu beitragen, die Erscheinung und Ursachen der Korruption mit dem politischen, wirtschaftlichen und soziokulturellen Hintergrund in Zusammenhang zu bringen und die Spezifika dieses Phänomens in Bezug auf Mexiko länderspezifisch aufzuzeigen.

Mexiko, die offizielle Bezeichnung lautet Estados Unidos Mexicanos, bedeckt eine Fläche von 1.964.375 km^2 und zählt 103.946.866 Einwohner.[105] Der trockene Norden dehnt sich an der 3152 Kilometer langen Grenze zu den USA aus.[106] Hier trifft sich die Erste Welt mit der sog. Dritten Welt, wodurch sich ein langjähriges Problem von Schmuggel und Kriminalität entwickelte.[107] Das Staatsgebiet endet an der südlichen Grenze zu Guatemala. Der Norden und Süden des Landes bilden einen scharfen Kontrast. Im vergleichsweise industrialisierten und reichen Norden wohnen mehr Weiße, die indigene Bevölkerung bewohnt dagegen vorwiegend ländliche Regionen im Süden. Das politische, wirtschaftliche und kulturelle Leben fokussiert sich auf die Hauptstadt, Mexiko-Stadt. Die Hauptstadt gehört zu keinem Bundesstaat, sondern bildet einen bundesunmittelbaren Hauptstadtbezirk (Distrito Federal).

4.1 Bevölkerung

Mexiko bietet eine einmalige Vielfalt an verschiedenen indigenen Bevölkerungsgruppen. Von den über einhundert Millionen Einwohnern sind ca. 95 Prozent Mestize und die restlichen ca. 5 Prozent der Bevölkerung bekennt sich zu den indigenen Völkern. Die Amtsprache in Mexiko ist Spanisch. Im Jahr 2000 sprach 1,18 Prozent der Bevölkerung aber kein Spanisch. Diese Zahl reduzierte sich im Jahr 2005 auf 0,80 Prozent. In 2005 knapp 93 Prozent der Bevölkerung sprach keine der indigenen Sprachen.[108]

Es gibt mehr als 70 verschiedene indigene Sprachen in Mexiko. Am meistgesprochenen davon sind Náhuatl (1.376.026 Sprecher), Mayas (759.000 Sprecher) und Mixtekisch

---

[105] INEGI 2006, S. 35
[106] INEGI 2006, S. 35.
[107] Vgl. Hoffmann 2008
[108] INEGI 2006, S. 45.

(423.216 Sprecher).[109] Überwiegend in den ländlichen Regionen wie in Oaxaca und Chiapas werden indigene Sprachen gesprochen.

Zwanzig Prozent der Bevölkerung drängen sich im Großraum Mexiko-Stadt zusammen. Besonders in der Winterzeit ist die Bevölkerungszuwanderung in die Hauptstadt groß. Die Hoffnung auf eine lebensnotwendige Beschäftigung bleibt aber mangels Sprachkenntnisse oft aus. Die temporäre Migration der bäuerlichen Indio-Bevölkerung beeinträchtigt die Sicherheitssituation der Hauptstadt. Obdachlosigkeit, Straßenkriminalität und das Blühen des informellen Sektors prägen das Stadtbild Mexikos. Charakteristisch für die bäuerliche Indio-Bevölkerung ist, dass sie sich die Riten ihrer Vorfahren erhalten haben. Typisch für den städtischen Mittelstand ist jedoch, dass sie von westlichem Konsumdenken geprägt sind, sodass große kulturelle Unterschiede zu finden sind, die zu Konflikten führen können.

4.2 Politisches System und Parteien

Gemäß der Verfassung von 1917 ist Mexiko eine präsidiale Bundesrepublik. Das postrevolutionäre politische System Mexikos ist durch einen starken Präsidentialismus gekennzeichnet. Vor 1917 konnte der Präsident mehrmals wiedergewählt werden. Aufgrund der historischen Erfahrungen vor allem während des Porfiriat[110] wurde in der Verfassung von 1917 das Verbot der Wiederwahl des Präsidenten verankert. Der mexikanische Präsident wird durch direkte Wahlen von der wahlberechtigten Bevölkerung für eine Amtszeit von sechs Jahren „*sexenio*" gewählt.[111] Ein vorzeitiges Ende seiner Amtszeit ist nicht vorgesehen und tritt höchstens im Todesfall des Präsidenten ein.

Die starke Machtstellung des Präsidenten wird durch die mexikanische Verfassung deutlich. Laut der mexikanischen Verfassung genießt der Präsident als Staatsoberhaupt ein Initiativrecht bei Gesetzesvorhaben (Artikel 71) und gibt ihm das Vetorecht gegenüber Gesetzesvorhaben des Kongresses (Artikel 72). Er ist der oberste Befehlshaber der Streitkräfte (Artikel 89) und ernennt eine Reihe höchster Staatsbeamter wie zum Beispiel die höchsten Ränge des Militärs (Artikel 89) und den Generalstaatsanwalt (Artikel 102). Bis zum 1996 ernannte er darüber hinaus auch das Regierungsoberhaupt des Bundesdistrikts

---

[109] INEGI 2006, S. 46.
[110] Vgl. Ruhl 2000, S. 157. Als Porfiriat (spanisch Porfiriato) wird die Regierungszeit des Diktators Porfirio Diaz von 1876 bis 1880 und von 1884 bis 1911 bezeichnet. Obwohl er im Plan von La Noria in 1871 die Wiederwahl von seiner Vorgänger Benito Juarez kritisierte, missachtete er das von ihm selbst eingebrachte Gesetz durch seine regelmäßige „Wiederwahl" zwischen 1884 und 1991.
[111] Vgl. Braig 2008, S. 393.

von Mexiko-Stadt (Artikel 89), welches erst seitdem ebenfalls direkt gewählt wird. Der Präsident vertritt das Land nach außen und ist berechtigt zur Unterzeichnung internationaler Verträge und zur Vorgabe der außenpolitischen Richtlinien (Artikel 89).[112] Erst ab 1997, seit der Präsident erstmals keine Mehrheit mehr im Parlament (Kongress) hatte, kann in Mexiko von einer klaren Gewaltenteilung zwischen Präsident und Kongress gesprochen werden.[113] Dadurch wird die starke historische Rolle des Präsidenten geschwächt.

Die Legislative, also die gesetzgebende Gewalt in Mexiko, liegt beim aus zwei Kammern bestehenden Parlament. Das Oberhaus ist der Senat, dessen 128 Mitglieder direkt für eine Amtszeit von sechs Jahren gewählt werden. Das Unterhaus ist das Abgeordnetenhaus, das aus 500 für drei Jahre gewählten Mitgliedern besteht. 300 Abgeordnete werden auf der Basis der Bevölkerungszahl in Einzelwahlkreisen, die restlichen Abgeordneten nach einem Verhältniswahlsystem gewählt. Zwei direkt aufeinander folgende Amtszeiten sind weder für Senatoren noch für Abgeordnete zulässig. Wahlberechtigt sind alle Staatsbürger ab 18 Jahren, Verheiratete bereits ab 16 Jahren.[114]

Die Einhaltung der Gesetze in Mexiko wird durch das höchste Gericht, das sog. Oberstes Bundesgericht überwacht. Es besteht aus 21 Mitgliedern, die vom Staatspräsidenten mit Zustimmung des Senats ernannt werden. Andere wichtige Rechtsorgane in Mexiko sind u. a. Bezirksgerichte und Distriktgerichte.[115]

Das politische Leben Mexikos wurde in den letzten über 70 Jahren durch die hegemoniale Stellung der Partei der Institutionalisierten Revolution (Partido de la Revolución Democrática, PRI) bestimmt und dadurch die Rolle des Präsidenten durch eine Reihe ungeschriebener und informeller Regeln ergänzt.

Die Partei wurde 1929 als Partei der Nationalen Revolution (Partido Nacional Revolucionario, PNR), gegründet und 1938 umbenannt in Partei der Institutionalisierten Revolution (Partido de la Revolución Mexicana, PRM). Ihre endgültige Prägung erhielt sie mit der Umbenennung in PRI im Jahre 1946.[116] Die deutlichen Züge einer Hegemonial- und Staatspartei lassen sich durch die Analyse der politischen Aktivitäten während ihrer

---

[112] Constitución Política de los Estados Unidos Mexicanos
[113] Vgl. Braig 2008, S. 396.
[114] Vgl. Ruhl 2000, S. 135.
[115] Suprema Corte de Justicia de Nación, Mexiko.
[116] Vgl. Braig 2008, S. 389.

Regierungszeit zwischen 1929-2000 festzustellen. Die PRI sicherte ihren Machtanspruch mit autoritären Mitteln. Die Partei stütze sich dabei in hohem Maße auf einen seit den 1930er Jahren systematisch aufgebauten Korporativismus, durch den große Bevölkerungsgruppen zugleich kontrolliert und in das politische System einbezogen wurden. Eine wesentliche Funktion erfüllten dabei die staatskorporativistischen Gewerkschaften, die ebenso wie Unternehmerverbände und Bauernorganisationen von der PRI geführt und kontrolliert wurden.[117] Die Entscheidungsstrukturen der Partei als auch der von ihr kontrollierten gesellschaftlichen Organisationen waren dabei autoritär geprägt.[118] Die politische Gefolgschaft beruhte in hohem Maße auf Klientelismus und die gezielte Vergabe staatlicher Vergünstigungen. Dies führte zu massiver Korruption und einem weitgehenden Fehlen von Transparenz und demokratischer Kontrolle.

Oppositionelle Parteien wie die Partei Nationale Aktion (Partido Acción Nacional, PAN) und die Partei der demokratischen Revolution (Partido de la Revolución Democrática, PRD) wurden nur insoweit geduldet, als sie den Machtanspruch der Staatspartei nicht ernsthaft gefährdeten. Die PAN wurde als liberal-konservative Partei im Jahr 1939 gegründet und war als politische Alternative zur PRI vorgesehen. Allerdings spielte die Partei bis in 1980er Jahre keine politische Rolle.[119]

Die Aktivitäten des Präsidenten während der über 70 jährigen PRI-Herrschaft überschreite die formal, in der Verfassung verankerten Befugnisse um eine Reihe ungeschriebener, informeller Regeln. Zu diesen zählte die Dominanz des Präsidenten in und über die PRI oder die Mechanismen zur Regelung der präsidentiellen Nachfolge.[120] So wurde die Partei von der Macht des Präsidenten und seiner Regierung abhängig. Die Macht verlagerte sich aus dem Zentrum der Partei hin zu einem mächtigen externen Präsidenten. Die Partei wurde schwächer und ihre internen Normen undemokratischer, sogar so weit, dass der Präsident öffentlich seinen Nachfolger per Fingerzeig (*el dedazo*) bestimmte.[121] Dieses informelle Recht, den Nachfolger per Fingerzeig zu ernennen, wurde erst von dem Präsidenten Ernesto Zedillo im Jahr 1999 abgeschafft, und somit der lang erwartete Demokratisierungsprozess in Wege geleitet.[122]

---

[117] Vgl. Gehring 2004, S. 80.
[118] Vgl. Braig 2008, S. 390.
[119] Vgl. Gehring 2004, S.75.
[120] Vgl. Hurtado 2002, S. 299.
[121] Vgl. Lomnitz 1997, S. 357
[122] Vgl. Pries 2006-1, S. 4.

Die PRI und ihre Rolle auf der politischen Bühne war in den letzten zwanzig Jahren von mehreren Ereignissen beeinflusst. Bis in die 1980er Jahre ging alle Macht vom Präsidenten aus. Es erwies sich als lukrativ für bedeutende Politiker anderer Parteien, sich der PRI anzuschließen und dadurch zu einem hohen politischen Amt zu gelangen. So wurde der Machterhalt sichergestellt und durch Günstlinge in hohen politischen Ämtern die Stabilität der Partei erhalten.

Die Anfänge der Amtszeit von Miguel de la Madrid Hurtado (Präsident von 1982-1988) war durch starke wirtschaftliche und soziale Problemen gekennzeichnet, die nicht nur unter der Bevölkerung sondern ebenso in der Partei Unruhen auslösten.[123] Noch ende der siebziger Jahre wurde Mexiko ein rasanter Sprung zu einem Industrieland prognostiziert, da riesige Ölvorkommen an den Küsten des Landes entdeckt wurden. Um an diese natürlichen Ressourcen zu gelangen, nahm das Land günstige Kredite von internationalen Gebern und investierte gewaltige Mittel. Wenige Jahre später führte die Überproduktion zum Preisverfall auf den Ölmärkten. Für Mexiko war es immer schwerer die Schulden zurückzuzahlen und 1982 trat de facto die Zahlungsunfähigkeit ein. Ab 1985 wurde Auslandskapital abgezogen und wichtige Investitionen konnten nicht durchgeführt werden.[124] Die seit langem negative Außenhandelsbilanz, das Haushaltsdefizit und die hohe Arbeitslosigkeit führten Ende der achtziger Jahre zu Sparmaßnahmen. Der nötige Sparkurs wurde nur in geringstem Maße ausgeführt, da die PRI ihr Netzwerk an loyalen Beziehungen nicht gefährden wollte. Die politische Unprofessionalität der PRI, nötige Reformen schnell und wirksam durchzusetzen, rundete die mangelnde Bereitschaft der Regierung, bei dem Erdbeben 1985 Hilfe zu leisten, ab. Der schwankende Demokratisierungsprozess des Landes wurde zwar durch die drei letzten PRI-Präsidenten eingeleitet, seine Effektivität ist jedoch nach mehr als zwanzig Jahren stets fraglich. Der Beitritt Mexikos 1986 zum Allgemeinen Zoll- und Handelsabkommen (General Agreement on Tariffs and Trade, GATT), seit 1995 Welthandelsorganisation (World Trade Organisation, WTO) unter Präsident De la Madrid Hurtado hatte nur formellen Charakter ohne große positive Auswirkungen auf die Wirtschaftslage des Landes.[125] De la Madrid musste zudem Lebensmittelsubventionen reduzieren, was eine Verarmung breiter Bevölkerungsschichten zur Folge hatte. Das am 01.01. 1994 in Kraft getretene Freihandelsabkommen (North American Free Trade Agreement, NAFTA) zwischen den

---
[123] Vgl. Braig 2008, S. 391.
[124] Vgl. Braig 2008, S. 391.
[125] Vgl. Gehring 2004, S. 75.

Vereinigten Staaten von Amerika, Kanada und Mexiko stimulierte zwar die mexikanische Industrie, fügte gleichzeitig aber den technologisch rückständigen Bereichen der Landwirtschaft erhebliche Schäden zu. Die hoch industrialisierten und hoch subventionierten Produzenten der Vereinigten Saaten von Amerika überschwemmen das Land mit ihren billigeren Erzeugnissen und ruinierten damit millionenfach die einheimischen Bauern.[126]

Die Privatisierungs- und Sanierungspolitik der Staatspräsidenten Miguel de la Madrid und das Herbeiführen des Eintritts in OECD durch seinen Nachfolger Carlos Salinas de Gortari (Präsident von 1988-1994) war zwar ein bedeutender Schritt, um die nachlassende politische Attraktivität der PRI-Partei zu wahren. Doch diese kamen zu spät um die Meinung der Bevölkerung zu ändern, dass die anhaltende Wirtschaftskrise das Versagen der PRI wäre.

Die nächste Amtsperiode der PRI unter Ernesto Zedillo Ponce de León (1994-2000) war ebenfalls nicht ohne bedeutende negative Ereignisse vergangen, die langfristige Auswirkungen nicht nur für die Wirtschaft des Landes, sondern auch für die Lebenslage der Bevölkerung hatten. Zwischen Dezember 1994 und September 1995 verlor der mexikanische Peso rund 85 Prozent seines Wertes gegenüber dem Dollar. Dies führte zu einer Inflationsrate von 52 Prozent.[127] Die sog. Peso-Krise brachte eine weitere Verarmung breiter Bevölkerungsschichten mit sich.

Um die wirtschaftliche Lage einigermaßen stabil zu halten und Wirtschaftswachstum zu erreichen, forderte Zedillo 1998 die beiden Parteien PAN und PRD zu einem Bündnis auf.[128] Dieser Schritt war ein bedeutendes Zeichen für die Transformation der PRI, von einem politisch autoritären Regime zu einem demokratischen System zu gelangen. Durch die errungene internationale Aufmerksamkeit aufgrund der Wirtschaftskrise und durch den Unmut des mexikanischen Volkes gelang es der PRI nur schwer, Wahlergebnisse zu manipulieren und so einen weiteren Sieg zu erlangen.

Auch das Verhältnis zwischen dem amtierenden Präsidenten Zedillo und den Parteimitgliedern erwies sich als immer gravierendes Problem, welches schließlich in einer Fraktionsbildung innerhalb der PRI zum Ausdruck kam. Die reformwillige neue PRI-Generation, die sog. Technokraten, stiegen in die Führungsebene der Partei auf und ihre

---

[126] Vgl. Gehring 2004, S. 64.
[127] Vgl. Gehring 2004, S. 65.
[128] Vgl. Braig 2008, S. 400.

neoliberale Wirtschaftspolitik stimmte nicht mit der Vorstellung einer sozialen, revolutionären Gedankenwelt der älteren Politiker überein. Die Differenzen waren so groß, dass der innenparteiliche Zusammenhalt immer schwächer wurde und der technokratische Flügel der PRI sich aus der Partei austrat und mit Cuauhtémoc Cárdenas Solórzano, dem Sohn des Präsidenten der dreißiger Jahre, an der Spitze die Nationalen Demokratischen Front (Frente Democrático Nacional, FDN) gründete, welche bei den Wahlen 1988 antrat und später als linksorientierte und auf sozialreformerischen Grundideen aufbauende PRD ein ernstzunehmender Gegner der PRI wurde.[129]

Das Jahr 2000 brachte schließlich die lang erwartete Veränderung in der politischen Landschaft. Nach 71 Jahren PRI-Präsidentschaft steht seitdem das erste Mal ein Oppositionsmitglied an der Spitze. Mit Hilfe vom außer- und überparteilichen Bündnis, sowie im Pakt mit der Grünen Partei (Partido Verde Ecologista de México, PVDM) gelang es der Allianza por Mexiko, Fox zum Wahlsieg zu verhelfen.[130] Mit 43,4 Prozent gewann der PAN-Kandidat Vincent Fox Quesada die Präsidentschaftswahlen im Jahr 2000.[131] Dieser historisch wichtige Wendepunkt erfolgte in demokratischen Zügen mit parteiinternen Vorwahlen zur Kandidatenbestimmung.

Das im Jahr 1996 reformierte, von der Regierung getrennte Bundeswahlinstitut (Instituto Federal Electoral, IFE) sorgte das erste Mal für die Herstellung und Verwaltung von sauberen Wählerverzeichnissen und fälschungssicheren Identifikationskarten. Die Zuständigkeitsbereiche der IFE werden im Kapitel 5.5.16 weiter behandelt.

---

[129] Cardénas rannte erstmal 1988 für die Präsidentschaft und verlor nur sehr knapp gegen den PRI-Kandidaten Carlos Salinas de Gortari. 1994 und 2000 trat er erneut bei den Präsidentschaftswahlen an, war aber beide Male klar unterlegen. 1997 schließlich triumphierte er erstmals als Sieger bei den Bürgermeisterwahlen in Mexiko-Stadt.
[130] Vgl. Braig 2008, S. 401.
[131] Vgl. Pries 2006-2, S. 143.

4.3 Bildungssystem

Das mexikanische Bildungssystem wird in drei Bereichen gegliedert:

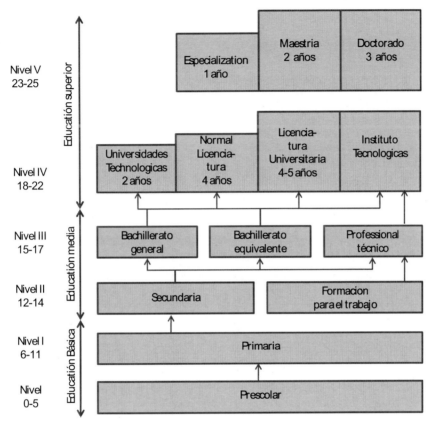

Abbildung 5: Das Bildungssystem in Mexiko (eigene Darstellung)

Die dreiteilige Struktur des Bildungssystems ist im allgemeinen Bildungsgesetz „Ley general de Educación" festgelegt. Für die Planung und Evaluierung des nationalen Bildungssystems ist das Bildungsministerium, Secretaría de Educatión Publica, SEP, zuständig.

Die Grundbildung setzt sich wiederum aus drei Teilen zusammen. Kinder ab dem Alter von 3 Jahren können die Vorschule (*Preescolar*) besuchen. Sie ist unterteilt in drei Klassenstufen. Allerdings ist der Besuch der Vorschule keine Bedingung für die spätere Einschulung in die Grundschule. Der zweite Teil beinhaltet die Grundschule (*Primaria*). Die Grundschule in Mexiko besteht aus sechs Jahrgangsstufen. Im Regelfall erfolgt die Einschreibung der Kinder im Alter von 6 Jahren.[132] Der Grundschulbesuch ist Voraussetzung für die Zulassung zur unteren Sekundarbildung. Dieser Bildungsabschnitt dauert drei Jahre und wird in der Regel im Alter von 12 Jahren begonnen. Der Abschluss

---
[132] Vgl Kühlmann 2005, S. 56.

der unteren Sekundarbildung ist zwingende Vorraussetzung für die Zulassung zur Mittleren Höheren Bildung (*Educación Media Superior*). Sie bildet die Wissensgrundlage für die Hochschulreife oder eine Technische Berufsausbildung.

Durch den Besuch der Mittleren Höheren Bildung können die Jugendlichen entweder die Hochschulzugangsberechtigung (*Bachillerato*) erwerben oder sich mit einer Technischen Berufsausbildung (*Educación Profesional Técnica*) auf den Arbeitsmarkt vorbereiten. Technische Ausbildungen werden in den verschiedensten Bereichen angeboten, zum Beispiel Kfz-Mechaniker, Krankenpfleger, Informatiker, etc.

Die Höhere Bildung erfordert die Hochschulreife und wird folgendermaßen strukturiert:

Höhere Techniker (*Técnico Superior*): Hier können die Jugendlichen in einer zwei- bis dreijährigen Ausbildung ihren Fachabschluss erlangen. Die Ausbildung findet an speziellen Technischen Universitäten statt. Die Ausbildung und ist stark praxisorientiert.

Magister-, Diplom- und Staatsexamensstudiengänge (*Licenciatura*): Diese Abschlüsse können an technischen Hochschulen und Universitäten erlangt werden. Die Studiendauer beträgt vier Jahre. Die Lehrerausbildung fällt in dieses Segment.

Aufbaustudiengänge (*Postgrado*): Die Zulassung für ein Aufbaustudium erfordert den Abschluss einer Licenciatura. Zu diesem Segment gehören Spezialisierungen (*especialisación*), Masterstudien (*Maestría*) und Promotionsstudien (*doctorado*). Je nach Aufbaustudiengang werden dafür ein bis vier Jahre veranschlagt.[133]

Die große Zahl der Schulabbrecher und die hohe Analphabetismusrate sind fundamentale Probleme im mexikanischen Bildungsbereich. Etwa 10 Prozent der Bevölkerung kann weder schreiben noch lesen.[134] Der Analphabetismus mündet in einer schlechten oder in gar keiner Ausbildung und führt zu einer unterbezahlten Beschäftigung auf dem Arbeitsmarkt. Mehr als die Hälfte der Bevölkerung muss mit zwei Dollar am Tag auskommen, und über 20 Prozent der Mexikaner – insbesondere in der ländlichen Regionen wie Chiapas oder Oaxaca- lebt in extremer Armut und wirtschaftet mit weniger als 1,25 Dollar am Tag. Die Armut mit ihrer zunehmend ungleichen räumlichen

---

[133] Vgl. Kühlmann, 2005, S. 57.
[134] Vgl. Inwent 2008.

Konzentration ist verbunden mit einer äußerst ungleichen Verteilung der Bildungseinrichtungen und –leistungen.[135]

Staatliche Schulen sind zwar kostenlos zugänglich für jeden es gibt aber viele Familien – insbesondere der indigenen Abstammung- die neben sozialen Problemen auch mit finanziellen Hürden kämpfen müssen. Über ein Prozent der Mexikaner spricht wie bereits einführend erläutert kein Spanisch und viele der Familien haben keine offizielle Adresse, die für die Schuleinschreibung nötig ist. Mit 2 Dollar am Tag kann die Hälfte der Bevölkerung sich nicht leisten, Schuluniform, die Arbeitsmaterialien wie Hefte, Bücher oder Stifte für ihre Kinder zu kaufen. In Mexiko-Stadt im Jahr 2005 hat mehr als ein von 25 Schulkindern, die jünger waren als 15 Jahre, die Schule verlassen. Einer der wesentlichen Gründe für das Abbrechen der Schule war die Armut der Familie. Statt in der Schule das Lesen und das Rechnen zu erlernen sind die Kinder gezwungen arbeiten gehen, um den Lebensunterhalt für ihre Familie zu verdienen. Weiterhin werden Unterrichtstunden auch versäumt wegen der Abstinenz der Lehrer.[136] Die niedrigen Löhne und die schlechten Arbeitsbedingungen erschweren die Arbeit eines verantwortungsvollen Lehrers und ziehen negative Konsequenzen mit sich. Um dies zu verhindern, hat die Regierung in ihrem nationalen Entwicklungsplan im Zeitraum 2007-2013 die Bildung als zentrale Frage für die Zukunft Mexikos definiert und dadurch effektivere soziale Maßnahmen für Lehrer festgelegt.[137]

Etwa 87 Prozent der schulpflichtigen Schüler besuchen staatliche Schulen.[138] Jährlich werden 93 Prozent der Schulpflichtigen in die Grundschule (bis zur 6. Klasse) eingeschrieben, doch sind es nur noch 86 Prozent die die untere Sekundarbildung (7. bis 9. Klasse) besuchen. Von zehn Schülern, die eine Grundschulausbildung anfangen sind nur 6 Schüler, die die 9. Klasse vollständig beenden. Nur 45 Prozent dieser Schüler absolvieren eine höhere Sekundarbildung (10. bis 12. Klasse) und etwa acht Prozent der Bevölkerung über 18 Jahre besitzen einen Bachelorabschluss in Mexiko.[139]

Die Regierung mit der SEP übernimmt auf der nationalen Ebene die Hauptrolle im mexikanischen Bildungswesen. Sie setzten den Lehrplan fest, schreiben die Lehrbücher vor, rekrutieren das Lehrpersonal und legen die Lohnsätze fest. Im Jahr 1992 erfolgte eine

---

[135] Vgl. EC 2007.
[136] Vgl. Unicef 2005.
[137] Vgl. EC 2007, S. 23.
[138] Vgl. Santibenez 2005, S. 8.
[139] Vgl. Santibenez 2005, S. 17.

wichtige Bildungsreform, wonach die Grundausbildung dezentralisiert wurde und die Verantwortung an die 32 Bundesländer übertragen wurde. Doch die praktische Umsetzung der Verantwortungshoheit der Bundesländer bleibt beschränkt.[140]

Im Jahr 2003 wurden 24 Prozent der Staatsausgaben in die Bildung investiert[141], das ist fast zweimal so hoch wie der OECD Durchschnitt von 13 Prozent. Zwischen 1995 und 2003 erhöhte sich die öffentliche Investition in die Grund- und Sekundarbildung um 49 Prozent.[142] Zwischen 1995 und 2003 erhöhte sich die Investition in die tertiäre Bildung um 67 Prozent wobei sich auch die Anzahl der Eingeschriebenen in den Hochschulen um 48 Prozent erhöht hat.[143] Es ist aber dabei zu beachten, dass der größte Anteil der Staatsinvestitionen für die Bildung die fortlaufenden Kosten der Schulen deckt, es bleibt nur ein geringer Anteil von 6,4 Prozent für die Verbesserung des Lehrmaterials.[144]

4.4 Massenmedien

Massenmedien haben in der mexikanischen Geschichte eine widersprüchliche Rolle gespielt. Auf der einen Seite wurden zahlreiche Journalisten, die auf die mangelnde Rechtstaatlichkeit und Menschenrechtsverletzungen hingewiesen haben, Opfer gezielter staatlicher Repressionen. Auf der anderen Seite waren die meisten Massenmedien in das Regime eingebunden. Es gab zwar keine direkte Zensur seitens des Staates, jedoch nahmen die politische und wirtschaftliche Elite massiven Einfluss auf die Berichterstattung. Dazu gehörten z.B. die Beeinflussung der Platzierung von bestellten Artikeln und Informationen, die Manipulation von Nachrichten, die Vermischung von Nachrichten, Kommentaren und Werbung.[145] Die Konsequenzen waren eine oberflächliche Berichterstattung und ein elaboratives System von Korruption. Das Einkommen der Journalisten hing davon ab, welche Quellen sie recherchierten und in welchem Maße sie bereit waren, Informationen falsch weiterzugeben. Nicht nur der Präsident, sondern die einzelnen Ministerien, jeder Gouverneur sowie jedes Landesministerium verfügten über eine eigene Presseabteilung und arbeiteten sehr eng mit unabhängigen Journalisten zusammen. Das gut ausgebaute Netzwerk zwischen der PRI und den Medien verhalf der PRI-Regierungen zum Sieg.

---

[140] Vgl. Santibenez 2005, S. 8.
[141] Vgl. Santibenez 2005, S. 12.
[142] Vgl. OECD 2006.
[143] Vgl. OECD 2006.
[144] Vgl. OECD 2006.
[145] Vgl. Braig 2008, S. 405.

In der Bevölkerung spielen die Printmedien, mit 300 Tageszeitungen, davon 35 in der Hauptstadt,[146] nur eine geringe Rolle. Sie sind für die Mehrheit der Lesekundigen zu teuer und im Vergleich zu Fernsehen und Radio nicht für alle zugänglich. Eine der einflussreichsten Medienunternehmen ist das Televisa, das mit ca. 50 Prozent den Telemarkt beherrscht. Der Newcomer Televisión Azteca besitzt einen Anteil von 30 Prozent. Dieser hat in den letzten Jahren ebenso eine einflussreiche Position auf dem mexikanischen Medienmarkt errungen.[147]

Bei der Bekämpfung von Korruption spielen diese Medienkonzerne gerade wegen ihres bedeutenden Einflusses eine sehr wichtige Rolle. In den Präsidentschaftskampagnen im Jahr 2000 ist die Korruptionsbekämpfung ein zentrales Thema in den Medien gewesen. Die Berichterstattung zielte auf die Erhöhung des Bewusstseins über Korruption und auf die Bekämpfung von Korruption von der untersten Ebene bis hin in die Spitze des Landes.[148] Im Jahr 2003 veranstaltete die Regierung in den Massenmedien eine Kampagne über ihren Grundsatz der „Null-Toleranz". Dieser Grundsatz wurde auf Plakaten abgedruckt und im Radio und TV Sendungen verbreitet. Es wurden sog. „*radiosecundos*" ausgestrahlt, die in paar Sekunden über Korruption berichteten. Die sog. „*cine minutes*", in Form von kurzen Werbefilmen, wurden 2003 in über 900 Kinos und im Jahr 2004 bereits in über 1000 Kinos ausgestrahlt und plädierten für mehr Transparenz.

Die investigative Recherchen der Journalisten, korrupte Machenschaften aufzudecken, bilden bis heute in vielen Fällen die Grundlage der wissenschaftlichen Korruptionsforschung.[149] Sie tragen dazu bei, Korruption zu Thematisieren. Weiterhin wollen sie nicht nur die Bevölkerung auf das Phänomen aufmerksam machen, sondern mit ihrem weit ausgebauten internationalen Netzwerk, andere Länder und Organisationen aufmerksam machen.

---

[146] Vgl. Huffschmid 2004, S. 542.
[147] Vgl. Braig 2008, S. 405.
[148] Vgl. OECD 2004, S.28.
[149] Vgl. Neckel 1986, S. 595.

5 Korruption in Mexiko

In einem internationalen Vergleich stuft TI Mexiko auf seiner Korruptionsskala, die bereits beschrieben von 1 (hohe Korruption) bis 10 (korruptionsfrei) reicht, zwischen 3,3 im Jahr 2006 und 3,5 im Jahr 2007 und weist eine weitere Steigerung von 0,1 Prozent im Jahr 2008 auf.[150] Eine auf Umfragen beruhende Studie der Transparencia Mexicana, die Korruption im öffentlichen Dienst untersuchte, registrierte über 115 Millionen Korruptionsakte im Jahr 2005, die im Durchschnitt 9 Euro kosteten. Die Haushalte, die über Bestechungen berichten, gaben im Schnitt 8 Prozent ihres Einkommens für Korruption aus. Betroffen sind meist ärmere Familien, die mit weniger als 2 Dollar am Tag wirtschaften.[151] Die Art von Verflechtungen zwischen den loyalen Bekanntschaften und Verwandtschaften, das Streben nach Vorteile für ein besseres Leben oder das Erlangen von Positionen um mehr Macht auszuüben, sind fundamentale Elemente der Korruption.

Nach der Einführung in die Korruptionsforschung und der begrifflichen Festsetzung, sowie nach dem Überblick der meist verbreiteten Erscheinungsformen der Korruption, erfolgt in diesem Kapitel die Analyse der Korruption in Mexiko. Durch die Länderanalyse vermittelten sozialen, kulturellen und wirtschaftlichen Informationen sollen die allgemeinen Definitionen und Theorien, die im Kapitel 1 und 2 behandelt wurden, hier nun länderspezifisch analysiert werden.

5.1 Eine Befragung in Mexiko-Stadt

Den empirischen Teil der vorliegenden Studie bildet eine Befragung in Mexiko-Stadt. Die folgenden Informationen stammen aus der Befragung von 48 Einwohnern der mexikanischen Hauptstadt. Die Daten der Befragung dienen lediglich als Richtungsgeber für die Situation und Einstellung der Bevölkerung gegenüber der Erscheinungsform der Korruption.

Ein wesentliches Problem bei der Untersuchung zeigte sich beim Verständnis und der verschiedenen Deutung von Korruption durch die Befragten. Da es keine einheitliche Definition gibt, wurden erst geschlossene Fragen formuliert, um eine eindeutige Abgrenzung zwischen den häufigsten Korruptionsarten erzielen zu können. Dadurch sollte

---

[150] Vgl. TI 2005-2.
[151] Vgl. TM 2006-1, S. 4.

die Möglichkeit geschaffen werden, in der Bevölkerung eine eindeutige Kategorisierung als korrupt oder als nicht korrupt abzugrenzen.

Auf einer Skala der meistverbreiteten Korruptionsfälle in Mexiko empfindet es mehr als die Hälfte der Bevölkerung (54 Prozent) als korrupt, für den Parkwächter oder Polizisten Geld zu zahlen, damit ihr Wagen gesichert wird. Sie sind der Meinung, dass diese Leistung Teil der Aufgabe der Sicherheitsbeamten ist und dafür kein zusätzliches Geld verlangt werden kann. Hierbei handelt es sich, wie bereits im Kapitel 2.2.2 beschrieben, um kleine Korruption. Doch auch die Zahlung kleiner Summen löst Misstrauen in der Gesellschaft gegenüber Beamten aus. Am 27. November 2008 veröffentlichte die mexikanische Regierung eine Studie, in der sie einräumte, dass von 55.000 landesweit überprüften Polizisten 49,4 Prozent als "nicht geeignet" eingestuft werden mussten und in Mexiko 87 Prozent aller Straftaten nicht angezeigt werden, was "das Misstrauen der Gesellschaft in Polizei und Justiz reflektiert."[152]

Die kleinen Zahlungen werden als „mordidas" bezeichnet. Sie werden für Partwächter oder für Polizisten gezahlt, um die Strafe wegen zu schnellem Fahrens oder Falschparken zu verringern. Diese werden von den betroffenen Seiten als praktische Lösung gesehen, obwohl 95 Prozent der persönlich Befragten es nicht gerechtfertigt findet, dem Polizisten Geld zu zahlen, um diese Tat zu umgehen. Für den Polizisten dient das schnell gewonnene Geld als Aufstockung ihres Lohnes und für den Fahrer ist es eine günstige Lösung, der Straftat ohne weiterführende Konsequenzen zu entgehen.[153] In diesem Fall verstoßen beide Parteien gegen geschriebene Normen. Der Polizist stellt keine Strafzettel aus, wie es das Gesetz vorschreibt. Der Fahrer wird nicht für seine Fahrlässigkeit laut Vorschriften bestraft. Das Bestechungsgeld wird von dem Fahrer in diesem Fall nicht als Strafe angesehen, sondern als eine Vergünstigung.[154] Der Polizist missbraucht seine Macht und der Fahrer verhält sich unethisch da er neben der unerlaubten Vergünstigung auch die Information über den korrupten Polizisten zurückhält.

Eine weitere oft verbreitete Korruptionsart ist die Zahlung für beschleunigte Ausstellung von Genehmigungen im Baubereich, Telekommunikationsbereich oder im Wasserversorgungsbereich. Laut Befragung haben 12,5 Prozent in den letzen zwölf

---

[152] Vgl. Univision 2008.
[153] Vgl. Morris 1991, S. 15.
[154] EB: Mehr als die Hälfte (63 Prozent) der Befragten hat es nicht als Strafe empfunden, wegen eigenem Fehler, dem Polizisten zur Umgehung der Strafe, Geld zu zahlen.

Monaten Beamten für die Beschleunigung solcher Genehmigungen entlohnt.[155] Einem Beamten ein kleines Präsent zu geben, oder ihm zum Kaffee oder Essen einzuladen sind häufige Fälle, jedoch werden sie zu 79 Prozent und 58 Prozent als Bestechung angesehen und abgelehnt. Als Grund für solche Entlohnung der Beamten wurde die überbürokratisierte Struktur der Verwaltung angegeben. Mit einer Gefälligkeitszahlung ist es möglich, das leidige Übel aus dem Weg zu räumen. Um die vorgeschriebenen sechs bis zwölf Monate Bearbeitungszeit zu vermeiden, wird eine extra Summe an einen Beamten bezahlt oder eine andere Art von Entlohnung gegeben.

Ein weiterer häufiger Korruptionsfall beinhaltet die Zahlung für solche schulische Leistung, die den Kindern normalerweise kostenlos zur Verfügung steht doch in manchen Fällen diese Leistungen ohne extra Zahlung nicht zugänglich sind. Einem Lehrer ein kleines Geschenk zu geben, oder eine geringe Summe zu zahlen findet die Mehrheit der Bevölkerung als unangebracht. Jedoch sind es noch etwa 10 Prozent, die für solche Leistungen bereit sind, Geld zu zahlen. Laut Transparencia Mexicana haben mexikanische Haushalte im Durchschnitt über 7 Euro gezahlt, um ohnehin kostenlose und vorgeschriebene Dienstleistungen, wie Lehrbücher oder Schuluniformen für die Schule zu erhalten.[156]

Diese geschlossenen Antwortmöglichkeiten umfassen zwar nicht die ganze Palette möglicher Korruptionsformen, jedoch sind diese die am häufigsten auftretenden Fälle die in der Gesellschaft. Die Einstellung der Befragten zu diesen Aussagen kann je nach Kultur, politischem System oder gesellschaftlicher Ordnung unterschiedlich ausfallen. Die Auswertung dieser Fragen hat dazu beigetragen, diese Art von Korruption länderspezifisch auf Mexiko auswerten zu können.

Nach der Klärung der Frage, was in der mexikanischen Gesellschaft als korrupt oder nicht korrupt eingestuft wird, stellen sich die Fragen, welche Menschen und warum sie korrupt sind? Laut der eigenen Befragung herrscht Einigkeit darüber, dass Politiker die meistkorruptesten Akteure in der Gesellschaft sind. Jedoch wäre Korruption ohne ein Zutun der Bevölkerung erst gar nicht möglich. Deswegen rangiert die Bevölkerung als zweitkorruptester Akteur auf Platz zwei. Über die Hälfte der Befragten stimmte der Aussage zu, dass Korruption nicht nur wegen der Unterstützung in der Bevölkerung langlebig bleibt, sondern auch wegen der mangelnden strafrechtlichen Verfolgung.

---

[155] EB
[156] Vgl. TM 2006-1.

Die tief verankerte Tradition der Korruption in der Gesellschaft sowie die gegenseitige Bereicherung der Korruptionsakteure werden als weitere wichtige Gründe für die Existenz von Korruption genannt.

Mehrfachnennungen waren in der Befragung möglich. Die Ergebnisse stellen sich in folgender Reihenfolge dar:

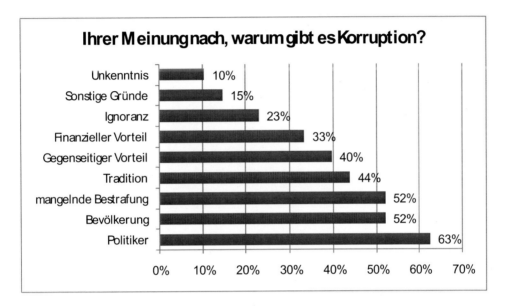

Abbildung 6: Warum gibt es Korruption? (gem. Fragebogen Frage 19)

Die in Abbildung 6 aufgeführten Ergebnisse werden im Folgenden durch praktische Beispiele unterstützt.

Korrupte Politiker und somit *Politische Korruption* werden meist mit Wahlbetrug, Wahlmanipulation und Stimmenkauf in Verbindung gebracht. Als ein Beispiel dafür seien die Praktiken der PRI in den vergangenen siebzig Jahren genannt. In ihrer langen politischen Herrschaft ist es der Partei immer wieder gelungen durch Wahlmanipulation und Wählereinschüchterung an die Macht zu gelangen bzw. die Macht zu erhalten. Bei den Präsidentschaftswahlen im Jahr 2000 wurde sogar der IFE, einem Behörde, die für Transparenz bei den Wahlen sorgen sollte, Korruption vorgeworfen. Die Glaubwürdigkeit der IFE wurde bei den Präsidentschaftswahlen 2006 von dem PRD-Präsidentschaftskandidaten López Obrador mehrmals in Frage gestellt. Der Grund dafür war das Drama am Wahlabend, als weder die Medien noch die IFE die ersten an den Wahlurnen gemachten Umfragen veröffentlichten. Die Differenz zwischen erstem und zweitem Platz sei so gering gewesen, so die Begründung, dass sie es vorzögen, die von der

Wahlbehörde in Auftrag gegebene Hochrechnung abzuwarten, die dann um 23 Uhr aus demselben Grund nicht bekannt gegeben wurde. Die gesamte Aufmerksamkeit konzentrierte sich auf den Teil der IFE-Website, der Zugang zum Programm der Vorläufigen Wahlergebnisse (Programa de Resultados Electorales Preliminares, PREP) ermöglichte. Das Programm verzeichnete permanent einen Vorsprung Felipe Calderóns Hinojosa, des konservativen Kandidaten der PAN. Am Montagabend, nach Auszählung von 98,45 Prozent der gültigen Wahstimmen, lag Calderón einen Prozentpunkt vor López Obrador von der linken PRD. Calderón verkündete voreilig seinen Sieg und forderte von der IFE, den Wahlsieg anzuerkennen. Nur die Linke und ihr Kandidat weigerten sich, die Niederlage einzugestehen. Sie bestanden angesichts des knappen Ergebnisses darauf, alle Stimmen nachzuzählen und weitere Unregelmäßigkeiten aufzuklären.

López Obrador beschuldigte die Wahlbehörde, drei Millionen Stimmen unterschlagen zu haben; einigen Stunden später musste die IFE den Irrtum eingestehen: Die auf der PREP-Website verbreiteten Resultate, die bereits von Mexiko und der Welt für die gültigen angesehen wurden, waren fehlerhaft, denn 13.921 Wahlurnen waren nicht berücksichtig worden, was mehr als drei Millionen Stimmen bedeutete. Die Wahl blieb offen und das Warten zog sich bis eine Nachzählung auf Grundlage der Wahlakten stattfand. 66 Tage nach den mexikanischen Präsidentschaftswahlen hat das Nationale Wahlgerichtshof (Tribunal Electoral del Poder Judical de la Federación, TRIFE) sein Urteil verkündet und den Sieg von Felipe Calderón offiziell bekannt gegeben. Durch die Nachzählung der Wahlbehörde und nach dem einstimmigen Urteils der Bundeswahlrichter wurden die Ergebnisse der Präsidentschaftswahl als gesetzmäßig erklärt.[157]

Selbst wenn der Ablauf der Wahl in demokratischen Zügen ablief, es ist kaum möglich festzustellen, wie viel Gelder dafür gezahlt wurden, politische Stimmen für seine jeweilige Partei zu gewinnen. Diese Art von Handlung wurde bei den beiden dominanten Präsidentschaftskandidaten, Felipe Calderón sowie López Obrador im Jahr 2006 nachgewiesen.[158]

Doch die Vorstellung, dass jede umkämpfte Wahl irgendeine Art von Betrug einschließt, ist in Mexiko tief verwurzelt.[159] In Mexiko gilt das universelle Wahlrecht, das heißt, dass die

---

[157] Vgl. Reichenbach2006.
[158] Vgl. Quezada 2006.
[159] Vgl. Land 2002, S. 7; Der öffentliche Protest der Bevölkerung gegen den offensichtlichen Wahlbetrug bei den Präsidentschaftswahlen 1988 hat die Legitimität des neuen Präsidenten, Salinas de Gortari, in Frage gestellt. Um diese schwere Glaubwürdigkeitskrise zu kompensieren, versprach Gortari eine Reihe von

Bürger ein gleiches, freies, allgemeines und geheimes Wahlrecht genießen. Ein Wahlstimmenkauf und -verkauf sowie der dadurch erlangte Einfluss ist in Mexiko verfassungswidrig.

Die Bereitschaft der Bevölkerung mit ihren Zahlungen Korruption zu begünstigen, zeigen auch die Ergebnisse der Befragungen der TI in Mexiko. Demzufolge haben 4,4 Prozent der Befragten bei den Präsidentschaftswahlen im Jahr 2000, Geschenke von der oppositionellen Partei PAN erhalten. Weiterhin haben 15,3 Prozent Geschenke von der ehemals regierenden Parteien PRI angenommen.

Die Auswertung der nächsten Frage ergab, dass nicht nur 63 Prozent der Befragten die Politiker als korrupteste Akteure einschätzen, sondern sie schreiben den staatlichen Organisationen ebenso korrupte Tendenzen zu. Die überwiegende Mehrheit ist davon überzeugt, dass in der Regierung sehr viel Korruption zu finden ist. Diese Meinung ist gefolgt von dem juristischen System (91,18%) von Gefängnissen (88,24%) sowie den Gewerkschaften (88,24). Es ist kein Zufall, dass die Gewerkschaften bei der Bewertung des Korruptionsgrades ebenso eine wichtige Rolle erhielten wie die Regierung und das Justizsystem. Dies begründet sich durch die starke Stellung der SNTE und ihre enge Kooperation mit den oben genannten Akteuren. Die korrupten Netzwerke zwischen diesen Akteuren und der große Einfluss der SNTE sollen durch das folgende Beispiel veranschaulicht werden.

Reformen, die er Schritt für Schritt auch umgesetzt hat. Dazu gehörte der Beitritt zur Nordamerikanischen Freihandelszone NAFTA oder die Versöhnung des Staates mit der katholischen Kirche.

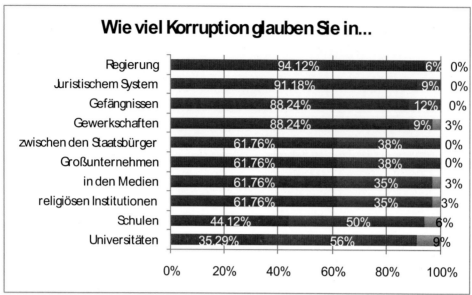
Abbildung 7: Korruption in mexikanischen Institutionen (gem. Fragebogen Frage 21)

Das zentralisierte Bildungssystem mit der Lehrergewerkschaft an der Spitze als Geldverteiler, bereitet das größte Problem im mexikanischen Bildungssystem. Der mexikanische Bildungssektor wurde durch die 71-jährige Herrschaft der PRI-Staatspartei sowie die Jahrzehnte lange parteinahe Stellung der Nationalen Lehrergewerkschaft, SNTE beeinflusst. Laut dem renommierten mexikanischen Politikwissenschaftler Ricardo Rephael ist die SNTE von Anfang an nicht im Dienst der Lehrer oder der Bildung, sondern des Staates gestanden.[160]

Auch heute sind die Spuren der Korruption unter der PRI-Regierung noch zu spüren. Diese erschweren die Veränderung und die Herausbildung eines funktionalen und ethischen Bildungssystems.

Die Lehrergewerkschaft SNTE vertritt seit ihrer Gründung 1943 die Lehrer in Mexiko. Die SNTE war per Präsidialdekret in Mexiko-Stadt gegründet, damit der Staat die Lehrerverbände, die zuvor mit Streiks für höhere Löhne und verbessertes Bildungswesen demonstriert haben, besser unter Kontrolle bekommt. Wie jedoch die folgende Analyse zeigt, kommt die Gewerkschaft wegen Korruption nicht ihren Aufgaben nach.

Als 1988 Carlos Salinas de Gortari zum Präsident gewählt wurde, haben sich hunderttausende Lehrer auf dem zentralen Platz in Mexiko-Stadt, Zócalo, versammelt und haben gegen die wirtschaftlichen Verluste und gegen soziale Kürungen der vergangenen

---

[160] Vgl. Gwerders 2008.

Jahre demonstriert. Der Grund war die Senkung der Staatsausgaben um 40 Prozent für den Bildungssektor und damit eine Lohnsenkung für die Lehrer um 50 Prozent.[161] Der ehemalige Generalsekretär der SNTE kam seinen Aufgaben nicht nach, die anwachsenden Unruhen unter den Lehrern zu stillen und wurde von Präsident Salinas de Gortari durch Elba Esther Gordillo Morales abgelöst. Der reformfreudige Präsident stellte Gordillo zehn Millionen Dollar zur Verfügung, um die streikenden und aufgewühlten Lehrer zu beruhigen. Das Geld wurde in einem Fond angelegt, um für Mitglieder der SNTE Grundstücke, Apartments oder Häuser zu besorgen. Weitere 81,5 Milliarden Pesos wurden durch die Regierung genehmigt und in Treuhandfonds ebenso für Wohnungsbeschaffung investiert.[162] Gordillo stieg durch ihre guten Beziehungen zu dem Präsidenten schnell auf und die SNTE gewann durch ihr politisches Engagement großen Einfluss, nicht nur in der Regierung, sondern auch unter den Lehrern.

Der für seine Reformen bekannte Präsident Salinas de Gortari führte seine Dezentralisierungspolitik auch im Bildungsbereich ein. Elba Esther Gordillo Morales war eine Gegnerin dieser Dezentralisierungspolitik, da sie vermutet hat, den Status Quo der SNTE zu verlieren. So kam es dazu, dass sie, um die gute Beziehung mit dem Präsidenten nicht zu gefährden und den Einfluss der SNTE nicht zu verlieren, die Modernisierung der Grundausbildung vorgeschlagen hat.[163] Statt Modernisierung des Bildungssystems wurden allerdings materielle und immaterielle Begünstigungen für die Lehrer durchgeführt und die Korruption und Vetternwirtschaft weiterhin praktiziert.

Eine Analyse der *Reforma*, einer der größten Tageszeitungen Mexikos, zeigt die meistverbreiteten Fälle der Korruption im Bildungssektor. Im Jahr 2007 haben mindestens 9000 SNTE Mitglieder Löhne erhalten, obwohl sie in der Schule nicht anwesend waren und nicht gelehrt haben. Weitere 14.000 waren beurlaubt, ohne jedoch ihren Job zu verlieren.[164] Tausende von SNTE Mitglieder waren beschäftigt bei der SEP, inbegriffen des Schwiegersohns der Präsidentin der SNTE, Fernando González Sánchez, der einen Posten als Staatssekretär für das Grundschulwesen erhielt.[165]

Die Korruption blühte in der SNTE und beeinflusste die Einstellung und Entlassung der Lehrer. Die SNTE führte keine Tarifverhandlungen mit den Bundes- und Landesbehörden.

---

[161] Vgl. Madrid 2007, S. 86.
[162] Vgl. Grayson 2008, S. 3.
[163] Vgl. Grayson 2008, S. 5.
[164] Vgl. Guerrero 2008.
[165] Vgl. Grayson 2008, S. 6.

Im Gegenteil, nur ein ausgewählter Kreis von Vertretern, wie das Bildungspräsidium und die Vorsitzenden der Gemeinden kannten die Bedeutung der „*Pilegro Negro*". Die sog. „Dunkle Liste der Forderungen" wurde der Regierung und dem Präsidenten vorgelegt mit verschiedenen Ansprüchen wie Löhne der Lehrer, Lohnzuschläge und Sozialleistungen, Gesundheitsvorsorge, Einstellungs- und Beförderungspraktiken, Urlaubsansprüche, die Anzahl der Gewerkschaftsführer auf der Gehaltsliste, Zuschüsse für Trainingsprogramme der Gewerkschaft und unzählige andere Forderungen. Diese wurden von der Regierung und den jeweiligen Präsidenten entweder akzeptiert oder wurden Neuverhandlungen aufgenommen.[166]

Die Einstellung der Lehrer wurde nicht auf der Grundlage von Leistung und Kompetenz durchgeführt, sonder die Lehrstellen wurden durch SNTE-Mitglieder gekauft und verkauft.[167] Eine Lehrstelle konnte jeder erwerben, der bereit war, dafür zwischen 5000 und 8000 Dollar zu zahlen.[168] Falls ein Lehrer gestorben ist, hatten seine Kinder das Recht, seine Stelle anzunehmen. Falls die Stelle nicht durch ein Familienmitglied übernommen wurde, wurde die Stelle von der Familie weiterverkauft.[169] Mit diesem Hintergrund lässt sich erklären, warum 46 Prozent (124 549) der Lehrer bei einer nationalen Prüfung für Lehrer, die im Jahr 2006 von der SEP durchgeführt wurde, durchgefallen sind. Von 100 Lehrern haben 46 nicht die erforderliche Qualifizierung für ihre Lehrstellen.[170]

Mit dem Machtwechsel bei den Präsidentschaftswahlen 2000 zugunsten der PAN, war die Stellung der SNTE weiterhin stark. Sie hat ihre bis dahin erlangte starke Stellung auch erkannt und ihren bundesweiten Einfluss zugunsten der besser zahlenden Partei eingesetzt.

Die SNTE ist in Mexiko in 55 regionale Sektionen aufgeteilt und in jedem Bundesland vertreten. Sie zählt etwa 1,2 Millionen Mitglieder. Ihre Präsidentin Elba Esther Gordillo Morales wurde im Jahr 2003 als Präsidentin auf Lebenszeit gewählt.[171]

Die SNTE und damit Elba Esther Gordillo Morales, auch als Maestra genannt, blieb bis zu der schweren politischen Niederlage der PRI im Jahr 2003[172] PRI-Sympathisantin,

---

[166] Vgl. Grayson 2008, S. 6.
[167] Vgl. Hallak 2007, S. 158.
[168] Vgl. Jordas 2004.
[169] Vgl. Grayson 2008, S. 7.
[170] Vgl. Martínez 2008.
[171] Elba Esther Grodillo war bereits zwischen 1989-1995 Generalsekretärin der SNTE. Zwischen 2002-2003 Generalsekretärin der PRI und Fraktionsvorsitzende im Abgeordnetenhaus. Jedoch wurde sie wegen dem Vorwurf der Unterstützung anderen Parteien, wie PAN und PRD, sowie wegen der Idee der Gründung einer SNTE-nahen Partei, Partido Nueva Alianza, aus der Partei ausgeschlossen.

doch wegen der PRI-internen Konflikte der 1990er Jahre173 suchte sie stets Kontakte zu den Oppositionsparteien, um die Stellung der SNTE als einflussreiche Wahlunterstützerin auszubauen. „Gordillo hat aus dem Apparat regelrechte Bataillone von vollamtlichen Wahlfunktionären geformt, die sowohl im Vorfeld als auch am Wahltag beträchtlichen Einfluss nehmen können" -sagte der mexikanische Politikwissenschaftler Ricardo Raphael in einem Interview der Neue Zürcher Zeitung.174 Nur vor diesem Hintergrund lässt sich nach dem mexikanischen Politikwissenschaftler Ricardo Raphael erklären, warum die Regierung seit 1989 der SNTE umgerechnet etwa 18 Millionen Dollar hat zukommen lassen, ohne dass die Gewerkschaft volle Rechenschaft über die Verwendung der Gelder ablegen musste.

Korruption wird aber nicht nur Staatsbediensteten oder Gewerkschaftsführern unterstellt. Großunternehmen spielen in diesem Bereich ebenso eine maßgebliche Rolle. Mehr als die Hälfte (61,76 Prozent) der Befragten war der Meinung, dass zwischen den Großunternehmen viel Korruption herrscht. Charakteristisch für diese, auch als große Korruption bezeichneten Handlungen, ist ein Netzwerk von Freunden, Bekannten und Familienmitgliedern, die durch ihre Loyalität zu einem Vorgesetzten, an gehobene wirtschaftliche oder politische Posten gelangen.

Ein Beispiel dafür sei die Korruption und Vetternwirtschaft bei dem staatlichen Mineralölkonzern Petróleos Mexicano (PEMEX). PEMEX ist der wichtigste Industriekonzern Mexikos, macht 40 Prozent der gesamten Staatseinnahmen aus und beschäftigt über 140 Tausend Mitarbeiter landesweit.[175] Die Betrachtung dieses Falles erweist sich als notwendig, da laut dem Korruptionsforscher Paolo Mauro mit der Senkung der Staatseinnahmen die Investitionen in de Bildungsbereich ebenso senken.[176]

So ist die Firma für Regierung, Opposition, sowie inländische und ausländische Wirtschafssubjekte, aber auch für die Bevölkerung eine „heilige Kuh"[177] und soweit es geht, werden Vorteile für solche Interessenten angestrebt. Milliarden von Dollars wurden für Korruption ausgegeben, für unklare Unternehmensführung oder für Vertretung politischer und ökonomischer Interessen. Berichte der *Auditoría Superior de la Federación*

---

[172] Vgl. Huber 2004, S. 70.
[173] Vgl. Gehring 2004, S. 77.
[174] Vgl. Gwerders 2008.
[175] Vgl. CNN 2008-1.
[176] Vgl. Mauro 1998, S. 271.
[177] Vgl. Ehringfeld 2008.

zeigen, dass im Jahr 2006 über 157 Millionen Dollar für Forschung und Zahlung von Dienstleistungen ausgegeben wurden, die aber bis heute nicht nachgewiesen werden konnten.[178] Vorteilsgewährung für loyale Bekannte bei PEMEX bleibt ebenso keine Ausnahme. Juan Camilo Mouriño, war vor seinem Amt als Innenminister, Vizeminister im Energieministerium unter Felipe Calderón. Durch den oppositionellen Manuel López Obrador vorgelegte Dokumente haben bewiesen, dass Mouriño zwischen 2000 und 2003 Verträge zwischen PEMEX und Transportes Especializados Ivancar, der Firma des Ministers unterschrieben hat.[179]

Dass politische, wirtschaftliche und juristische Akteure sowie die Bevölkerung zur Korruption neigen, wurde bereits mit Beispielen unterlegt. Nun stellt sich die Frage, warum Menschen korrupt sind? Was treibt sie dazu, die verschiedenen Formen korrupter Handlungen durchzuführen? Die Auswertung der Antworten auf die Frage "Aus welchen Gründen sind Menschen korrupt?" ergab folgendes Ergebnis.

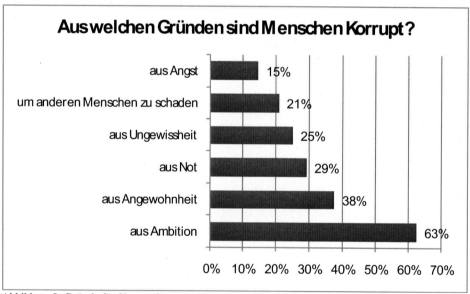

Abbildung 8: Gründe für Korruption (gem. Fragebogen Frage 20)

63 Prozent der Befragten haben bei dieser Frage die Ambition der Menschen als häufigsten Grund für eine korrupte Handlung genannt. Mit 38 Prozent rangiert die Angewohnheit der Mexikaner, für Korruption zu zahlen auf Platz 2. Um eine unerlaubte Zahlung anzunehmen, wurde mit 29 Prozent durch die persönliche Notsituation gerechtfertigt.

---

[178] Vgl. IPS 2008.
[179] Vgl. Stausberg 2008.

Aus Ambition korrupt zu handeln bringt die nächste Frage mit sich. Auf welcher beruflichen Ebene neigen Personen mehr dazu, Korruption mit ihrer Zahlung zu unterstützen? Neigen geringqualifizierte Menschen eher dazu, für Dienstleistungen die es nicht vorsehen, zu zahlen, als höherqualifizierte Personen? Wenn man den Bildungsstand der mexikanischen Bevölkerung bei einer korrupten Handlung durch Zahlung für eine nicht gerechtfertigte Handlung betrachtet, ergibt sich folgendes Bild. Am Beispiel der folgenden Darstellung wird erkennbar, dass untere Bildungsschichten eine höhere Bereitschaft zeigen, für eine Dienstleistung zusätzliches Geld zu zahlen. Mehr als die Hälfte der sekundären Reife haben bereits bei einer medizinischen Behandlung zusätzliches Geld bezahlt. Die Befragten mit einem tertiären Abschluss neigen laut Befragung nicht dazu, für kostenlose Dienstleistungen zusätzlich Geld zu zahlen. Daraus lässt sich schließen, dass die höher qualifizierten Befragten eine bewusstere Abneigung gegen Korruption in Dienstleistungsbereichen haben als geringerqualifizierte.

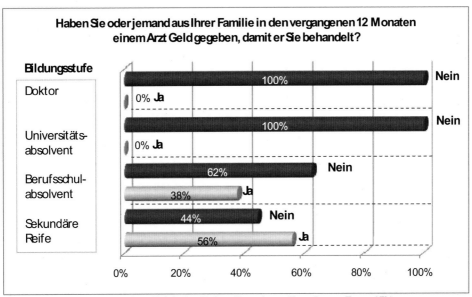

Abbildung 9: Korruption bei medizinischer Behandlung (gem. Fragebogen Frage 17h)

6 Ursachen der Korruption

Die Auswertung der eigenen Befragung und die untersuchten Beispiele sind Richtungsgeber für die Analyse der möglichen Ursachen der Korruption in Mexiko. Dabei ist zu beachten, dass die Ergebnisse der Befragung nicht als allgemeingültige Aussagen anzusehen sind.

Wie bereits im Kapitel 2.2.1 erwähnt, ist Korruption ein komplexes Phänomen bei dem diverse Verhaltensweisen der handelnden Personen eine Rolle spielen. Aus diesem Grund werden nicht nur die Ursachen der Korruption im Bildungsbereich analysiert, sondern es müssen weiterführende Faktoren berücksichtigt werden. Wirtschaftliche, institutionelle und kulturelle Bestimmungsgrößen treten dabei in einen unterschiedlichen Zusammenhang.

6.1 Intransparente Verwaltungsstruktur und mangelnde Kontrolle

Die 71-jährige Regierungszeit der Staatspartei PRI begünstigte eine Herausbildung intransparenter politischer Strukturen. Wegen ihrer starken vernetzten Organisation und ihrer Monopolstellung in der Regierung waren die Opposition und die Bevölkerung nicht in der Lage, ihren Kontrollfunktionen nachzugehen. Die mehrmalige Wiederwahl der PRI war weder durch die Opposition noch durch die oppositionel gesinnte Bevölkerung zu verhindern. Die starke vetternwirtschaftliche Verflechtung in der Verwaltungshierarchie ermöglichte eine kontinuierliche Umsetzung eigener Interessen. Beweispunkt für die langjährige Tradition der politischen Korruption war das aus Bekannten, Sympathisanten und Freunden bestehende langjährige politische Netzwerk. Die Hand der obersten Hierarchie reichte auf jede politische, wirtschaftliche und gesellschaftliche Ebene.

Klientelistische Strukturen auf der obersten Ebene der Hierarchie werden nicht nur von Mexikanern beklagt. Auch ausländische Investoren sehen gravierende Probleme insbesondere im Zusammenspiel von Korruption, juristischer Unsicherheit, Kriminalität und Einfluss.[180] Im Zusammenwirken von Kriminalität und Korruption sind auf dieser Ebene hochrangige Polizeibeamte zu erwähnen. Hierbei nimmt die Zivilbevölkerung keine direkte Rolle ein (siehe Abbildung 2, S. 29), sondern gerät durch die Auswirkungen dieser Machenschaften in Unsicherheit. Der Dorn im Auge des Gesetzes sind die leitenden politischen Beamten und hochrangige Polizeichefs. Diese werden häufig im Zusammenhang mit dem organisierten Verbrechen dazu getrieben, Straftaten fallen zu lassen, von bürokratischen Vorschriften abzusehen oder beispielsweise den Weg für die Verteilung von Drogen „frei zu machen".[181] Im vergangenen Jahr wurden 280 ranghohe Polizeichefs ihrer Ämter enthoben da diese den Vorwürfen der Korruption und Bestechung durch die Drogenmafia nichts entgegensetzen konnten.

---

[180] Vgl. Castritius 2008.
[181] Vgl. Gathmann 2007.

Die Ursachen der Korruption im Bildungssystem sind ebenso auf die intransparenten Verwaltungsstrukturen, auf die Vetternwirtschaft und auf das zentralisierte Bildungssystem zurückzuführen. Die starke Stellung der Lehrergewerkschaft SNTE in jedem Bundesstaat sowie die guten Beziehungen der Gewerkschaftspräsidentin Elba Esther Gordillo zu der Regierung sorgten dafür, dass Gelder, die für das Bildungssystem vorgesehen waren, nicht an die richtigen Stellen weitergeleitet wurden.

Angefangen bei den finanziellen Begünstigungen zwischen hochrangigen Politikern und den Vertretern bildungspolitischer Institutionen über bestochene ausführende Beamte in den regionalen Ämtern bis hin zu den lokalen Vertretern (Politiker oder Schulleiter), ein starkes korruptes System ist die Folge. Leidtragende waren und sind bis heute trotz des ab 2000 dezentralisierten Bildungssystems die einfache Bevölkerung. Insbesondere in den ländlichen Regionen, wo der Schulbesuch der Kinder im Großen von der finanzielle Lage der Familie abhängt, sind die Spuren der Korruption zu spüren.

Die heutige Situation und die Ereignisse der vergangenen 10 Jahren betrachtend, lässt sich eine vorsichtige Aussage treffen, dass diese langjährig eingebetteten Netzwerke die bis dahin starke Verflechtungen zwischen hochrangigen Politikern und einflussreichen Sympathisanten durch den Regierungswechsel 2000 einigermaßen lockerten. Die bis dahin als Opposition fungierte PAN gewann an Handlungsfreiheit und nimmt seit dieser Zeit immer mehr Einfluss auf das politische Geschehen. Wirtschaftliche Partnerschaft und technologische Zusammenarbeit mit der Europäischen Union, diverse bilaterale Beziehungen im Bereich der Forschung, Wissenschaft und Bildung zwischen Mexiko und Deutschland und anderen europäischen Ländern tragen zu einer ständigen Kontrolle politischer und wirtschaftlicher Handlungen in Mexiko bei. Andererseits schließt die Lockerung alter korporatistischer Strukturen das Entstehen neuer Strukturen nicht aus.

Demzufolge lässt sich festhalten, dass das Bestehen intransparenter Verwaltungsstrukturen die durch die langjährige Herrschaft der PRI begünstigt wurden als Ursache korrupter Handlungen einer ständigen Wandlung unterliegt. Die Kontrolle, die durch die Opposition nur in einem sehr geringen Maße durchgeführt wurde, kann ebenso als Ursache der vorherrschenden Korruption angesehen werden. Jedoch lässt sich ihre Effektivität nicht an verallgemeinerten Aussagen festhalten.

6.2 Extrapositionale und intrapositionale Vorteile

Wie aus der eigenen Befragung zu entnehmen ist, wird das Streben nach Macht und Einfluss als eine der offensichtlichsten Ursachen der Korruption genannt. Auf der höheren Ebene der Gesellschaft in Mexiko sind die Ursachen der Korruption jeglicher Art auf das Erlangen von extrapositionalen und intrapositionalen Vorteilen zurückzuführen. Dies kann sich laut der bereits erwähnten Korruptionsfälle in Mexiko in Form einer nicht auf die Qualifikation und Berufserfahrung beruhenden Beförderung, eines manipulierten Wahlsieges oder einer dubiosen Kontinuität der Machtausübung zur Geltung kommen. Doch Vorteile können auch durch monetäre Anreize erlangt werden. Laut Ateaga und López sind zum Beispiel Polizeioffiziere in Mexiko-Stadt schon vor dem Beginn ihrer formalen Ausbildung in die Praktiken der Korruption involviert.[182] Viele wählen diesen Beruf, weil man als Polizist einfach und schnell zu zusätzlichem Geld gelangt.[183] Zum einen locken direkte monetäre Anreize die Polizisten zu korrupten Taten, zum anderen tragen wie bereits im Kapitel 6.2 erwähnt wurde, die mangelnde Transparenz und die unzureichenden Kontrollmechanismen in der öffentlichen Verwaltung zu dieser Entwicklung bei.[184] In einigen Ländern, wie es oft in Mexiko der Fall ist, würden Beamten ihren Lebensunterhalt ohne Bestechungsgelder nicht finanzieren können.[185]

Bei der Betrachtung der Ursachen der Korruption muss man aber zwischen dem Anreiz für den Agenten und dem des Klienten unterscheiden. Einerseits sind beide Akteure der Überzeugung, von einem korrupten Handeln einen Vorteil für sich zu erlangen, anderseits besitzen beide unterschiedliche Motive. Wie bereits in Kapitel 5 beispielhaft erläutert wurde, unterliegen die Ursachen der korrupten Machenschaften zwei unterschiedlichen Anreizen. Die Korruption im Bildungssystem betrachtend ist eine korrupte Handlung nicht immer ein Anreiz für beide Beteiligten. Zum besseren Verständnis nehmen wir das Beispiel aus dem zweiten Kapitel. Auf der ersten Ebene handelt es sich um einen Korruptionsfall wo es um eine öffentliche Ausschreibung für die Renovierungsarbeiten einer Schule geht. In diesem Fall werden am Ende einer korrupten Handlung beide Parteien einen Vorteil erlangen. Der Regionalschulleiter wählt den Bauherrn aus, der ihm aus finanziellem oder familiärem Grund am besten gefällt. Der Bauherr erhält seinen Vertrag und der Regionalschulleiter seine „Belohnung". Es handelt sich um einen anderen Fall, wenn es

---

[182] Vgl. Arteaga 2000, S.65.
[183] Vgl. Nelson 2000, S. 61 ff.
[184] Vgl. Nagel 2007, S. 41.
[185] Vgl. Spinellis 1996, S.25.

darum geht, dass während einer korrupten Handlung nur die eine Verhandlungspartei, meistens das eine öffentliche Amt besitzt, einen Vorteil erhält. Wenn die Eltern die Lehrbücher oder die Schuluniform nur gegen eine extra Zahlung erhalten, erleiden sie finanziellen Schaden, der normalerweise nicht vorgesehen ist. Je nach der finanziellen Lage der Familie trifft diese zusätzliche Zahlung einen mehr oder weniger. Die Schäden dieser korrupten Handlung werden dann erst ersichtlich, wenn Kinder ärmerer Familien sich die grundlegenden Materialien für die Schule nicht leisten können oder sie dafür zusätzlich arbeiten müssen. Aufgrund des finanziellen Notstandes der Familie kommt es häufig dazu, dass sie der Schule fern bleiben müssen. Nach diesem Beispiel sind die Vorteile für den Beamten der Bildungsinstitution und der Wirtschaftssubjekte als Anreiz zu sehen, korrupte Handlung durchzuführen. Jedoch in dem Fall des Klienten, also der Familie, die für schulische Leistungen extra Geld zahlen muss, nicht als Anreiz, sondern als Last zu definieren. Diese wird dabei aber oft in Kauf genommen.

6.3 Informationsdefizit

Um Korruption zu erkennen, diese als unmoralisch einzuschätzen und bewusst dagegen vorzugehen setzt ein Vorhandensein an Informationsbereitschaft und Informationsfähigkeit voraus. Wie bereits im Kapitel 5 ausgewertet wurde, haben 38 Prozent der Befragten die Angewohnheit korrupter Handlungen sowie 25 Prozent die Ungewissheit der Akteure als mögliche Gründe für Korruption angegeben. Diese sind auf mehrere Faktoren zurückzuführen. Ungewissheit kann aus mangelnder Informationsbereitschaft, aus geringer Informationsfähigkeit oder aus der einseitigen (staatlich dominierenden) Berichterstattung resultieren. Bezugnehmend auf die spezifischen Elemente der mexikanischen Gesellschaft lässt sich folgende Argumentation feststellen. Etwa 10 Prozent der Bevölkerung kann weder lesen noch schreiben. Analphabetismus verringert die Fähigkeit, zwischen diversen Medien und deren Berichte selektieren zu können. Die einzigen Medien für die öffentliche Meinungsbildung dieser Gruppe bleiben das Fernsehen und das Radio. Die Vielfalt der Radiosender in Mexiko ist eher kritisch einzuschätzen. Die Inhalte der Fernsehsender Televizia, (ca. 50 Prozent Anteil am Telemarkt) sowie Televizia Azteka (ca. 30 Prozent Anteil am Telemarkt) wiederspiegeln vielmehr eine Unterhaltungscharakter als eine Bildungscharakter mit kritischer Berichterstattung. 58 Prozent der Befragten in Mexiko-Stadt waren der Meinung, dass „Jeder Mensch muss schreiben und lesen können, damit er sich besser informieren kann und so sich nicht falsch beeinflussen lässt." Ebenso 58

Prozent der Befragten spricht dafür, dass bereits in der Schule die Kinder lernen müssen was Korruption ist und wie man dagegen vorgehen kann.

Einen weiteren Punkt für die Analyse der Ursachen der Korruption bildet die Tatsache, dass über ein Prozent (1,18 Prozent) der Bevölkerung die Amtssprache nicht spricht. Bei einer Bevölkerungsanzahl von über Hundert Millionen fällt diese Zahl relativ hoch aus und unterliegt deswegen einer besonderen Beachtung bei der Analyse. Die Informationsmöglichkeiten dieser Gruppe sind sehr gering. Sie sind potenzielle Zielgruppen bei der Manipulation von Wählerstimmen.

Der Zusammenhang dieser Variablen konnte im Rahmen dieser Untersuchung aus zeitlichen Gründen empirisch nicht weiter untersucht werden. Jedoch bilden diese Zusammenhänge bei den theoretischen Überlegungen einen wichtigen Betrachtungsgegenstand.

7 Bekämpfung von Korruption

Nach der Analyse der Ursachen der Korruption soll in diesem Kapitel ihre Bekämpfung thematisiert werden. Der eigenen Befragung zufolge, ist die Bekämpfung der Korruption in erster Linie die Aufgabe der Bevölkerung selbst. In der Gesellschaft müssen die Nachteile eines korrupten Handelns thematisiert werden und eine öffentliche Diskussion über ihre Bekämpfung erzeugt werden. In den öffentlichen Diskussionen spielt die Regierung auch eine entscheidende Rolle. Die Regierung wird der Befragung zufolge als zweitwichtigster Akteur in der Bekämpfung von Korruption genannt. Nur durch die Förderung der Transparenz in der öffentlichen Verwaltung, durch Gesetze und die Kontrolle ihrer Durchsetzung kann eine nachhaltige Veränderung in diesem Bereich ermöglicht werden. Nicht zuletzt wird den Schulen die Verantwortung gegeben, sich in diesem Bereich zu engagieren. Informationsmaterialien und die Thematisierung der Korruption in den Lehrbüchern können dazu beitragen, eine moralisch handelnde Gesellschaft zu formieren, die sich bewusst gegen Korruption ausspricht. Die Medien als Instrumente der öffentlichen Meinungsbildung werden wegen ihrer Aufklärungsfunktion an der vierten Stelle von den Befragten genannt.

Die folgende Abbildung gibt die vollständige Platzierung der Akteure nach ihrer Wichtigkeit aufsteigend wieder.

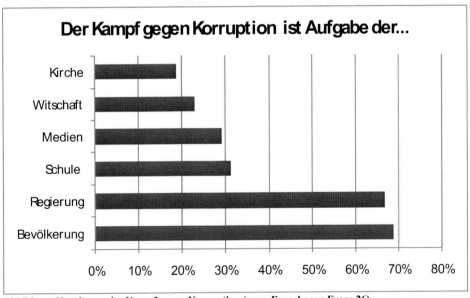

Abbildung 10: Akteure im Kampf gegen Korruption (gem. Fragebogen Frage 26)

Durch die Vorgabe von acht Aussagen wurden die Befragten in Mexiko-Stadt gebeten, die vier für sie wichtigsten Aussagen auszuwählen, die helfen, Korruption zu bekämpfen. Die Bewertung der Aussagen viel folgendermaßen aus:

Abbildung 11: Ansätze zur Bekämpfung von Korruption (gem. Fragebogen Frage 22)

Für eine nachhaltige Bekämpfung dieses Phänomens wird angenommen, dass die Bekämpfung nur dann erfolgreich sein wird, wenn die Bevölkerung sich bewusst dem Problem bekennt. Die Frage nach der persönlichen Beurteilung dieses Problems wurde folgendermaßen beantwortet: Mehr als die Hälfte der Befragten empfindet Korruption als ein sehr ernstes Problem. Demzufolge wäre jeder zweite bereit, einen korrupten Fall auch zu melden. Das Melden solcher Handlungen ist oft nur mit geringer oder keiner Anonymität verbunden. Aus diesem Grund würde etwa jeder fünfte aus Angst den Fall nicht melden. Weiterhin sind es 13 Prozent, die eine korrupte Tat, egal aus welchen Gründen, überhaupt nicht melden würden. Etwa 15 Prozent sind ratlos bei ihrer Entscheidung für oder gegen eine Anzeige.

Abbildung 12: Melden einer korrupten Handlung (gem. Fragebogen Frage 27)

Aus dieser Befragung lässt sich auf folgende Erkenntnisse schließen. Die Bevölkerung sieht Korruption in Mexiko als ein sehr ernstes Problem an und gibt die wichtigste Aufgabe sich selbst, sie zu bekämpfen. Neben ihrem Engagement sehen sie es ebenso wichtig, das korrupte Netz in der Politik und öffentlichen Verwaltung zu brechen. Die bestechlichen Beamten müssen ausgewechselt werden und korrupte Taten müssen zunehmend bestraft werden. Nur ein Teil der Bevölkerung handelt aus Not und Ungewissheit korrupt. Damit sich eine ethische Gesellschaft formen kann, müssen den Menschen die negativen Auswirkungen der Korruption schon rechtzeitig in der Schule gelehrt werden.

In der Abhängigkeit der drei Variablen wie Transparenz, Kontrolle und Bildung werden im folgenden Kapitel die nationalen Bekämpfungsmaßnahmen untersucht. Seit der rasanten Entwicklung der internationalen Beziehungen mit den Vereinigten Staaten und der Europäischen Union[186] hat die Bekämpfung der Korruption für Mexiko aber auch auf der internationalen Ebene an Bedeutung gewonnen. Im Kapitel 7.2 wird das internationale

---

[186] 1986 ist Mexiko dem General Agreement on Tariffs and Trade (GATT) beigetreten. 1994 hat Mexiko, die USA und Kanada das Nordamerikanische Freihandelsabkommen (NAFTA) unterzeichnet und seit 2000 ist das Freihandelsabkommen zwischen Mexiko und der Europäischen Union (EU) in Kraft getreten.

Vorgehen ebenso nach dem Prinzip der Transparenz-Kontrolle-Bildung analysiert. Bei der internationalen Bekämpfung werden die Maßnahmen der im Kapitel 2 erwähnten Organisationen, der Nichtregierungsorganisation TI und TM, der Sonderorganisation der Vereinten Nationen (Weltbank) und der internationalen Organisation der Industriestaaten (OECD) in Betrachtung genommen.

7.1 Nationale Bekämpfungsmaßnahmen

In der Gesellschaft sind Züge des Wollens, Korruption zu bekämpfen, zu erkennen. Die Bekämpfung von Korruption ist lange nicht mehr nur Aufgabe des Staates. Die Zivilbevölkerung und die Nichtregierungsorganisationen nehmen in den letzten 15 Jahren auch eine aktive Rolle ein. „In dieser Regierung sind wir entschlossen mit einer staatlichen Vision, Maßnahmen zu entwickeln, die die Entstehung der Korruption nicht nur in dem öffentlichen Sektor, sondern auch in der mexikanischen Gesellschaft eindämmen" erklärte der mexikanische Präsident, Felipe Calderón.[187] Damit bezieht er die Bevölkerung in den aktiven Bereich der Korruption mit ein. „Nur mit der Beteiligung und Kontrolle der Gesellschaft ist es möglich (...), eine neue Kultur der Ehrlichkeit, Rechtmäßigkeit und eine Stärkung der öffentlichen Ethik zu erreichen", sagte der Vorsitzende der Innenministeriellen Kommission für Transparenz und Bekämpfung von Korruption im öffentlichen Dienst (span. Comisión Intersecretarial para la Transparencia y el Combate a la Corrupción, ITCC) Salvador Vega Casillas.[188] Er weißt damit auf die bereits erläuterte Notwendigkeit hin, die Bevölkerung in den Kampf gegen die Korruption einzubeziehen.

7.1.1 Transparenz

Die Korruption in der mexikanischen Verwaltung ist auf ihre Disfunktionalität zurückzuführen. Die intransparenten Strukturen und die Handlungsmechanismen in der Verwaltung unterlagen bis zur Schaffung des Transparenzgesetzes einer traditionellen Ordnung. Nach dem Prinzip der *„Secretismo"* (Geheimhaltung) waren alle Informationen in der Hand staatlicher Stellen und somit geheimes Staatseigentum. Das am 12. Juni 2003 in Kraft getretene Gesetz über Transparenz und Zugang zu öffentlichen Informationen (*Transparenzgesetz*)[189] ist eine der wichtigsten Gesetze seit dem Regierungswechsel im Jahr

---

[187] Rede vom 09.12.2008 zur Nationalen Rechenschaftspflicht, Transparenz und Bekämpfung von Korruption 2008-2012, Mexiko-Stadt
[188] Rede vom 09.12.2008 zur Vorstellung der Antikorruptionsstrategie zur Verbesserung der Regierungsführung und die Stärkung der Verantwortlichkeit, Mexiko-Stadt
[189] Ley Federal de Transparencia y Acceso a la Información Pública Gubernamental

2000. Dieses Gesetz gibt den Bürger das Recht, von der Regierung, dem Kongress, der Bundesgerichtsbarkeit und sonstigen Bundesbehörden die Herausgabe von Informationen jeglicher Art zu verlangen, sofern diese nicht als vertraulich eingestuft werden. Somit kann die Bevölkerung die Entscheidungen der Verwaltungsbehörden einsehen. Die Bürger erhalten dadurch einen individuellen Anspruch auf Zugang zu öffentlichen Informationen. Die Behörden hingegen haben die Pflicht, auf ihrer Webseite bestimmte Daten wie Behördenstruktur, Zuständigkeiten der einzelnen Organe, Anzahl und Gehälter der Beschäftigten, Haushaltsplan und abgeschlossene Verträge zu veröffentlichen.[190] Daneben sind Bestimmungen über den Schutz persönlicher Daten zu finden.[191] Dadurch wurde von der Kultur der „*secretismo*", also von dem traditionellen Verwaltungsgrundsatz Abschied genommen.

Damit das Gesetz seine volle Wirkung erlangt und die Bevölkerung ihre Rechte in Anspruch nimmt, müssen die Bürger sowie die Verwaltung davon Gebrauch machen. Die Implementierung des Gesetzes wurde dem Bundesinstitut für den Zugang zu öffentlichen Informationen (Insituto Federal de Acceso a la Información Pública, IFAI) anvertraut.

Die Aufgabe der IFAI ist es, Behörden bei der Anwendung des Gesetzes zu unterstützen und sie gleichzeitig zur Erfüllung der gesetzlichen Verpflichtungen anzuhalten. Weiterhin hat die IFAI den gesetzlichen Auftrag, das Transparenzgesetz in der Öffentlichkeit zu verbreiten und die Bürger sowie die Verwaltungsbeamten selbst, über den Nutzen und die Möglichkeiten der Wahrnehmung des neuen Rechts auf Informationszugang aufzuklären. Auf Ersuchen des Antragstellers prüft die IFAI zurückgewiesene Anträge auf Einsichtnahme behördlicher Informationen.[192] Die Anträge auf Herausgabe bestimmter Informationen können schriftlich bei der entsprechenden Behörde gestellt werden. Zur Vereinfachung hat die IFAI ein einheitliches System entwickelt, mit dessen Hilfe die Bürger ihre Anfragen in elektronischer Form stellen können.

Zwischen 2003 und 2007 gab es über 250.000 Anfragen, die zumeist in elektronischer Form gestellt wurden. 88 Prozent der Anfragen wurden genehmigt, jedoch mehr als 12.000 Anträge wurden von der angefragten Behörde abgelehnt.[193] In solchen Fällen übernimmt die IFAI die Prüfung der Ablehnungsgründe. Die Entscheidung der IFAI ist für die

---

[190] Vgl. Huber 2004, S.88.
[191] Vgl. IFAI 2005.
[192] Vgl. Huber 2004, S. 89.
[193] Vgl. Kaufmann 2008.

Verwaltungsbehörden verbindlich, jedoch hat sie keine Möglichkeit, diese gegenüber den öffentlichen Behörden auch durchzusetzen. Die meisten Anfragen wurden an das Finanzministerium gerichtet. Die Institutionen, die weiterhin angefragt wurden, waren die mexikanische Sozialversicherung und die Ministerien für Bildung, Umwelt und Inneres.[194]

Eine weitere wichtige Aufgabe der Informationsbehörde ist es, die Wahlen zum Staatspräsidenten und zum Bundesparlament zu organisieren und abzuhalten. Durch den Einsatz dieses Kontrollorgans sollte für mehr Transparenz bei den Wahlen gesorgt werden. Seit 1996 ist die IFAI eine selbständige Staatsbehörde, der von acht stimmberechtigten *„Consejeros Electorales"* (Wahlbeobachter) geleitet werden. Über ihnen steht der *„Consejero Presidente"* (Ratspräsident). Die IFE-Mitglieder werden per 2/3-Mehrheit von der Abgeordnetenkammer des Bundesparlaments bestimmt. Ihre Amtszeit beträgt sieben Jahre. 13 weitere, stimmlose, IFE-Mitglieder werden durch das Bundesparlament und politische Parteien bestimmt: 6 durch den Kongress (einer pro Fraktion), 6 für die staatlich als solche anerkannten Parteien (einer pro Partei) und der Exekutivsekretär die IFE. Der Vorsitzende der Wahlkommission war bis 2007 Luis Carlos Ugalde, der aber wegen Manipulationsvorwürfen zurückgetreten ist. Leonardo Antonio Valdés Zurita wurde auf Vorschlag der PRD als neuer Vorsitzender die IFE gewählt und nimmt bis 2013 seine Position wahr.[195]

7.1.2 Kontrolle

In ihrem Nationalen Programm der Rechenschaftspflicht, Transparenz und Kampf gegen die Korruption setzt die Regierung zwischen 2008-2012 auf eine Stärkung der Kontrolle der staatlichen Ausgaben und auf die Verbesserung der internen Kontrolle der öffentlichen Verwaltung des Bundes. Weiterhin finden Bemühungen statt, die Beseitigung der Korruption in allen Bereichen des öffentlichen Lebens und der öffentlichen Sicherheit voranzutreiben. Hierbei liegt der Fokus auf den Bereichen Polizei und Staatsanwaltschaft.[196] Durch die *„Operación Limpieza"*[197] wird insbesondere gegen Polizisten,

---

[194] Vgl. Kaufmann 2008.
[195] Vgl. Pries 2008-1, S. 6.
[196] Vgl. Calderón 2008.
[197] Vgl. San Pedro 2008; Durch die „Operación Limpieza" (Operation Clean-Up) wurde im November 2008 der Interpool-Chef Ricardo Gutierrez Vargas festgenommen wegen vermuteten Verbindungen zwischen den Beamten und Drogenhändler. Er soll vertrauliche Informationen gegen Geld an Drogenkartelle geliefert haben.

Agenten, Büros der Staatsanwaltschaft und anderen öffentlichen Stellen vorgegangen.[198] Durch interne Investigationen werden die Beamten der oben erwähnten Institutionen untersucht, ob sie vertrauliche Informationen an Dritte liefern.

Der Unmut des mexikanischen Volkes machte es für die PRI seit Ende der 1980er Jahre immer schwieriger, Wahlen zu manipulieren.[199] Höhepunkt der politischen Veränderung bezüglich der Manipulation der Wahlen war der Mord an den PRI-Präsidentschaftskandidaten Louis Donaldo Colosio im Jahr 1994. Dieses Ereignis war der Anschlag seit der Mexikanischen Revolution, der ein politisches Motiv verfolgte und dadurch ein internationales Aufsehen erlangte. Durch den internationalen Druck wurden zum ersten Mal bei den Wahlen nationale und internationale Wahlbeobachter zugelassen.

Um die Kontrolle der Bevölkerung über die Korruption zu stärken und ihre Bereitschaft, Bestechungsfälle und Unregelmäßigkeiten in der öffentlichen Verwaltung zu melden, hat die Regierung eine kostenfreie Telefondurchwahl zur Verfügung gestellt. Mit der Vorwahl des Empfangsbereichs und der Tastenkombination FUNCION soll die Durchwahl für jeden einprägsam sein. Unter dieser Nummer werden Bestechungsfälle anonym entgegengenommen. Eine weitere Möglichkeit, Korruption zu melden, ist die Zusendung auf dem Postweg. Bei jeder Poststelle gibt es extra für diesen Zweck bereits frankierte Briefumschläge. So wird die Bevölkerung aufgerufen, Korruption auf verschiedene Weise zu melden.

7.1.3 Bildung

Da Korruption in der mexikanischen Gesellschaft tief verwurzelt ist, kann die Tradition der Korruption in Mexiko nur mit der Veränderung der gesellschaftlichen Normen beeinflusst werden. Die folgenden Generationen sollen unter veränderten Bedingungen eine korruptionsfreie Gesellschaft bilden. Sie sollen zukünftig in einer Gesellschaft aufwachsen, in der ethische Normen tief verwurzelt sind.[200] Hierbei handelt es sich unter anderem um

---

[198] Vgl. CNN 2008-2. Die Generalstaatsanwaltschaft PGR (Procuraduría General del Estado) bestätigte weiterhin, dass das organisierte Verbrechen seit 2004 leitende Angehörige der Bundespolizeieinheit gegen organisierte Kriminalität SIEDO (Subprocuraduría de Investigación Especializada en Delincuencia Organizada) kooptiert hatte, die Geheiminformationen an das Kartell der Brüder Beltrán Leyva verkauften.
[199] Gehring 2004, S. 77
[200] Vgl. Calderón 2008. Präsident Felipe Calderón hat in Dezember 2008 in seiner Rede bei der Veröffentlichung des Nationalen Programms der Regierung gegen Bekämpfung von Korruption für den Zeitraum 2008-2012 betont, dass „Para crear una cultura de legalidad es imperativo que los niños y los jóvenes de México crezcan con apego a valores, como son la honestidad, la integridad, ética, la obligatoriedad del bien, el respeto a los demás, el respeto a la ley, el respeto a sí mismo, la solidaridad y el bien común."

die Aufklärung der Gesellschaft, das moralische Verhalten der Lehrer und die Bildung der Kinder im frühen Alter. Die Ergebnisse der eigenständigen Befragung in Mexiko-Stadt ergaben, dass als zweitwichtigste Bekämpfungsmaßnahme die Bildung der jungen Generation im Vordergrund stehen sollte.

Im mexikanischen Bildungssystem kommt es sehr häufig zu vetternwirtschaftlichen Vorgehen bei der Anstellung von Erziehungsbeamten. Um „vererbte" und „verkaufte" Lehrerstellen zu vermeiden, wurde das Verhaltenskodex für Angestellte des öffentlichen Lehramtes (Carrera Magisteral, CM) geschaffen. Dieser Kodex wurde auf Initiative der *„Comisión Nacional Mixta"*, die sich aus SEP und SNTE Behörden zusammensetzt, ins Leben gerufen.[201] Bestandteile des Programms sind Ausbildung der Lehrer und die Vergütung nach dem Leistungsprinzip. Auf freiwilliger Basis wird die Tätigkeit des Bildungspersonals ausgewertet und entsprechend ihrer Leistung als Klassenlehrer, Schuldirektor oder Leiterin, eine Erhöhung ihrer Löhne vorgesehen. Dieses Programm ist ein wichtiger Bestandteil leistungsstarke, moralische und motivierte Lehrer zu beschäftigen. Ein weiteres Engagement der Regierung zeigt sich in einem Programm, das den Schulbesuch von Kindern aus ärmeren Familien ermöglicht. Durch das Bildungsprogramm zur Beseitigung der Rückständigkeit in der Aus- und Grundbildung (Programa para Abatir el Rezago en Educación Inicial y Básica, PAREIB) wird Bildung für alle ermöglicht und die Transparenz bei der Verwendung von öffentlichen Mitteln gefördert.[202] Dabei handelt es sich erstens um die Stärkung der Kapazität staatlicher Institutionen sowie um die Erhöhung der Partizipation der Gemeinden und Schulvereine im Schulmanagement. Zweitens geht es um die Förderung der besseren Qualität der Bildung durch die Schulung von Lehrern. Des Weiteren geht es darum, die Rechenschaft auf jeder Ebene des Bildungssektors zu erhöhen. Die Weltbank hat dieses Drei-Phasen-Projekt finanziell unterstützt und bei der Durchführung und Auswertung des Projektes eine enorm große Rolle gespielt. Die Details zu diesem Projekt werden bei der Untersuchung der Bildungspolitischen Maßnahmen zur Bekämpfung von korruptionsfördernden Strukturen der Weltbank im Kapitel 5.5.2.2. weiterführend behandelt.

Nach 20 Jahren SNTE Dominanz in der PRI-Regierungszeit hat die Regierung Calderóns eine Lösung gefunden, um den Einfluss der SNTE zu mindern. Die Arbeit zielte auf eine effektive und korruptionsfreie Zusammenarbeit im Bildungsbereich. Das

---

[201] Vgl. Lafourcade 2001, S. 467.
[202] Vgl. Lafourcade 2001, S. 466.

Bildungsministerium und die SNTE- Führung um Elba Esther Gordillo haben sich auf eine Allianz zur Verbesserung des Bildungswesens (span. Alianza por la Calidad en Educación) geeinigt. Demzufolge erfolgt eine Qualitätsauswahl für frei werdende Lehrerstellen und eine fortlaufende Evaluierung der Lehrer. Nachdem die Anwärter bei ihren ersten Einstellungstests rund 70 Prozent die Minimalkriterien nicht erfüllten, hat die Allianz auch einen Anlass um höhere Anforderungen an Lehrer zu stellen.[203] Innerhalb der Allianz kam es zu dem Nationalen Abkommen für die Modernisierung des Grundschulwesens (Acuerdo Nacional para la Modernisación de la Educación Básica). Diese führt zur Entwicklung von neuen institutionellen Möglichkeiten auf der Bundes- und Landesebene. Der Fokus liegt dabei bei der Ertüchtigung der Eltern, sich in den Anliegen der Schulen zu beteiligen Dies stellt ein weiteres Kontrollinstrument zur Bekämpfung der Korruption dar.

Weitere bildungspolitische Maßnahmen sind durch das Lehrmaterial zu vermitteln. Die Lehrbücher in der Schule müssen sich mit der Korruption befassen, das Phänomen erklären und das Problem nicht als Tabu oder als Selbstverständlichkeit annehmen.

Im Jahr 2004 startete das Ministerium für öffentliche Verwaltung (Secretaría de la Función Pública, SFP) in Kooperation mit dem Nationalen Rat für Kultur und Kunst (Consejo Nacional para la Cultura y las Artes, CONACULTA) und der IFE ein Kunstprojekt mit dem Motto „Adiós a las Trampas". Zweck des Projektes war ein Zeichenwettbewerb für Kinder zwischen neun und zwölf Jahren. Die Kinder wurden in allen Bundesstaaten und einem Bundesdistrikt dazu aufgerufen, ihre Ideen bezüglich Betrug, Täuschung oder Missbrauch zu zeichnen sowie Vorschläge zur Bekämpfung von Korruption zu malen. Es war auch möglich, die Worte wie „Ehrlichkeit, Achtung, Recht und Solidarität" mit Bildern auszudrücken. Auf der Rückseite der Zeichnungen wurden die Kinder gebeten, in einem kurzen Absatz zu beschreiben, welche Aussage die Zeichnung trägt.[204] Weiterhin wurde eine Internetseite für die Aufklärung der Jugendlichen eingerichtet. Die besten 20 Ergebnisse einer Kategorie wurden anschließend in der auflagenstärksten Tageszeitung Mexikos „El Universal" veröffentlicht.

Dieser Wettbewerb wird seitdem jährlich ausgeschrieben. Seit 2004 wurde die Zielgruppe A (6 bis 9 Jahre), B (10 bis 12 Jahre) um die Zielgruppe C (13 bis 16 Jahre) erweitert.[205] Im

---

[203] Vgl. Priess 2008-2, S. 3.
[204] Vgl. SFP 2006.
[205] Vgl. SFP 2006.

Jahr 2002 folgte ein Buch mit dem Titel „*Adiós a las Trampas*". Eine weitere Auflage folgte im Jahr 2008 mit dem Titel „*Adiós a las Trampas 2*". Die Bücher beinhalteten 96 Zeichnungen und die Kommentare der ausgezeichneten Schüler. Das Buch enthält weiterhin Texte von renommierten Autoren wie z.B. Germán Dehesa, Carlos Elizondo und Federico Reyes Heroles.[206] Ziel dieses Wettbewerbs ist die Förderung des Wahrnehmung bei den Eltern und den Kindern, um dadurch ihr ethisches Bewusstsein zu stärken. „Für korruptionsfreie Schulen brauchen wir ebenso korruptionsfreie Familien, Unternehmen und Lehrer ohne Betrug, ebenso wie ehrliche engagierte Behörden und eine unerbittliche Ausübung des Gesetzes" erklärte die Bildungsministerin Josefina Vazquez Mota in einem Interview der mexikanischen Tageszeitung „*La Crónica de hoy*".[207]

7.2 Internationale Bekämpfungsmaßnahmen

Im Folgenden werden die internationalen Bekämpfungsmaßnahmen behandelt. Diese spielen eine wichtige Rolle im politischen, wirtschaftlichen und sozialen Leben Mexikos. Diese Akteure tragen dazu bei, dass die Politik, Wirtschaft und Bevölkerung eine Null-Toleranz gegen Korruption entwickelt. Die Bekämpfung von Korruption im Bildungssystem betrifft nicht nur die Korruption in den Schulen und an den Universitäten, sondern auch die damit verbundenen politischen Entscheidungen oder finanziellen Unterstützung.

Die internationalen Organisationen arbeiten sehr eng mit der mexikanischen Regierung zusammen. Sie geben der Regierung thematische Impulse, ihr Know-How und finanzielle Unterstützung um Korruption nachhaltig zu bekämpfen. Durch die internationalen Studien der Transparencia Mexicana, der Weltbank und der OECD werden Informationen veröffentlicht, die dabei helfen, die Akteure des Staates auf die Probleme der Korruption aufmerksam zu machen. Jedoch sind die Informationen nicht nur auf die Korruption selbst beschränkt, sondern führen Zusammenhänge zwischen der Korruption und der Wirtschaft, Politik und dem Bildungssystem auf. Dieses Monitoring ist zwingend dafür notwendig, die Probleme des Landes zu thematisieren.

---

[206] Vgl. German 2008.
[207] Vgl. Ramírez 2007.

7.2.1 Transparencia Mexicana (TM)

In der Korruptionsbekämpfung trägt TM unter anderem durch die Thematisierung der Korruption und durch das Monitoring der Antikorruptionsaktivitäten bei. Dies erfolgt durch die Veröffentlichung von internationalen Studien und Berichten. Des Weiteren arbeitet TM mit den staatlichen Behörden[208] sowie mit Organisationen der Zivilbevölkerung[209] zusammen. Um die Korruption immer wieder zu thematisieren, veranstaltet TM zweijährlich die Internationale Antikorruptionskonferenz.[210] TM regt öffentliche Diskussionen an und bietet Seminare über Korruption.[211] Unter Berücksichtigung der enormen Anzahl an Aktivitäten der TM, werden im Folgenden nur die Aktivitäten behandelt, die das Phänomen Korruption in Mexiko thematisieren und die, die Korruption im Bildungsbereich behandeln. Eine umfassende Erläuterung der Aktivitäten würde den Rahmen dieser Studie sprengen.

TM thematisiert das Phänomen Korruption durch die jährlichen Forschungsberichte. Sie trägt mit ihren Analysen über Mexiko jedes Jahr zu dem CPI der TI bei. In diesem zusammengesetzten Index werden Geschäftsleute befragt sowie Länderanalysten aufgestellt. Die Umfragen in der mexikanischen Bevölkerung ergänzen diese Berichte. Wie bereits im Kapitel 3.2.1.2. erwähnt, wird auf einer Skala von 0 bis 10 die Wahrnehmung der Korruption gemessen. Im Jahr 2008 rangierte Mexiko mit 3,6 laut CPI auf Platz 72 vor Brasilien (3,5), Thailand (3,5) und Guatemala (3,1), sowie hinter der Türkei (4,6), Kuba (4,5) und Rumänien (3,8).[212]

Durch das GCR werden die Auswirkungen der Korruption in verschiedenen Lebensbereichen festgestellt. Hier werden die Erwartungen in Bezug auf Korruption und

---

[208] Vgl. TM 2006-2. Auf die Initiative der Regierung das Ministerium für soziale Entwicklung Secretaría de Desarrollo Social (SEDESOL) kooperiert TM in der Erarbeitung des „Manual Ciudadano", Leitfaden zur Überwachung der sozialen Programme der SEDESOL durch die Bevölkerung und Organisationen der Zivilgesellschaft, um eine transparente Verteilung der staatlichen Mittel zu fördern und dadurch Korruption zu verhindern.
[209] Vgl. FPC 2007. TM ist aktiv in der Arbeit der im Jahr 1989 gegründete „Fundación Poder Ciudadano", einer Stiftung für die Förderung der Bürgerbeteiligung, Transparenz und Zugang zu öffentlichen Informationen und die Stärkung der demokratischen Institutionen durch gemeinsames Handeln.
[210] Vgl. IACC 2008. Die International Anti-Corruption Conference (IACC) ist das globale Forum für den Austausch von Erfahrungen und Methoden in der Bekämpfung von Korruption. Hier treffen sich Vertreter der Politik, Wirtschaft, Justiz und der Zivilbevölkerung. Hauptakteur der Konferenz ist TI und die je nach Veranstaltungsland die nationale Kapitel der TI. Die erste Konferenz wurde im Jahr 1989 in Washington D.C. veranstaltet. Mexiko und dadurch TM war bereits Gastgeber der Konferenz in 1993 in Cancun.
[211] Vgl. TM 2006-2, S. 3.
[212] Vgl. TI 2008-1.

die Prioritäten der Korruptionsbekämpfung erfragt. Im Unterschied zu CPI wird bei dem globalen Korruptionsbarometer die Einschätzung der Bevölkerung mit einbezogen.

Laut des GCR wurde im Jahr 2006 das Justizsystem als einer der anfälligsten Bereiche für Korruption genannt. Als Reaktion veröffentlichte TI im Jahr 2007 einen Bericht über Korruption mit speziellem Fokus auf das Justizsystem.[213] In diesem Buch Analysieren renommierte Korruptionsforscher wie Susan Rose-Ackermann oder Johann Graf Lambsdorff die Korruption aus juristischer Sicht und entwickeln Ansätze für die Bekämpfung im Justizsystem.

Wie bereits im Kapitel 3.2.1.2. erwähnt, führt die BPI in einer Auflistung international und regional führende Exportnationen auf. Die Reihenfolge richtet sich nach der Bereitschaft der Unternehmen aus diesen Ländern, im Ausland zu bestechen. Befragt werden Führungskräfte von Unternehmen aus 26 Ländern. Der BPI spiegelt den Erfolg und Misserfolg von Regierungen über die Kontrolle heimischer Unternehmen, die Korruption im Ausland betreiben, wider. Von den 22 bewerteten Staaten rangierte Mexiko auf Platz 20, als drittkorruptestes Land vor China und Russland.[214]

TM kooperiert auf nationaler Ebene direkt mit verschiedenen Regierungsorganisationen. Auf der Staatsebene arbeitet sie mit der Allianz für die Qualität in der Bildung (Instituto Nacional para la Evaluación de la Educación, INEE) zusammen und ist Mitglied des Vorstandes.[215] Die INEE ist eine Organisation, die durch ein Dekret des Präsidenten Vincente Fox Quesada im Jahr 2002 gegründet wurde. Aufgabe der INEE ist es, die Bildungsbehörde und den Privaten Sektor zu unterstützen und die Bildungssysteme der Grundschulbildung (Vorschule, Primär- und Sekundärschule) zu bewerten. Die TM überwacht die Tätigkeiten der INEE[216] und Arbeitet mit ihr bei der Evaluierung der Bildungssysteme zusammen.

Ein weiteres Engagement der TM ist die Beobachtung des Auswahlverfahrens für Lehrer und Schulleiter der Grundschulen und Universitäten. Diese Maßnahme ist Teil der Reform für höhere Bildung. Im Juli 2008 wurde TM mit der Beobachtung des Bewerbungsprozesses für Schuldirektoren von der SEP beauftragt. Ziel war es, den Bewerbungsablauf in den Grundzügen der Fairness, Rechtmäßigkeit, Objektivität,

---

[213] Vgl. TI 2007.
[214] Vgl. TI 2008-2.
[215] Vgl. TM 2006-2, S. 1.
[216] Vgl. Muñoz 2008.

Ehrlichkeit und Transparenz durchzuführen. Durch diesen Auswahlprozess der Direktoren, soll ein qualitätsvolles Bildungssystem erreicht werden. Gleichzeitig soll dieses verhindern, dass die Schulen und Universitäten von korrupten und nicht kompetenten Vertretern geführt werden. Nach dem Monitoring der Auswahlprozesse von der Ausschreibung der Stelle, über Auswertung von Bewerbungsunterlagen und Vorbereitung der Persönlichen Interviews bis hin zur Auswahl der potenziellen Kandidaten wurde festgestellt, dass der Prozess mit den Gründsätzen der Fairness, Rechtsmäßigkeit, Objektivität, Ehrlichkeit und Transparenz übereinstimmt. Dies wurde ebenso in dem Leitfaden für das Verfahren, dem „*Manual de Procedimientos*", festgelegt.[217]

Die Nationale Kammer der mexikanischen Verlagsindustrie (Cámara Nacional de la Industria Editorial Mexican, CANIEM) ist ein mexikanischer unabhängiger Verlag, der über 40 Prozent seiner Aufträge von dem Staat erhält. Sie besitzt die Verantwortungshoheit als Verleger, Drucker und Verteiler. Die Gestaltung der Inhalte der Lehrbücher und die Koordination der Verteilung der kostenfreien Bücher an die Schulen ist Aufgabe der SNTE. Diese Rolle wurde ihr unter der PRI-Herrschaft, wo die SEP wegen ihres bundesweiten Einflusses die Wahlen zugunsten der PRI manipuliert hat, zugesprochen. Als Gegenleistung wurde die Verantwortung der Gestaltung und Verteilung der Lehrbücher der SNTE überlassen. So ist es heute noch ein Problem, in den über 80 Jahre unveränderten Lehrbüchern, eine Änderung einzupflegen.[218] Mit jeder Änderung sieht die SEP eine Schwächung ihrer Rolle. Durch das Engagement der TM und der CANIEM ist es gelungen, eine Methodologie zu entwickeln, die für Transparenz bei der Verteilung der Bücher sorgt. Ergebnis dieser Kooperation ist ein Verhaltenskodex, der bei der SEP eingereicht wurde und bindend für jedes Mitglied der CANIEM ist.[219]

Im Jahr 2005 gab Transparencia Mexicana ein Heft mit dem Titel „*Stealing the Future. Corruption in the Classroom*" aus. In dieser Broschüre ist eine kurze Auswertung der Studie über Korruption und Gute Regierung, mit besonderem Bezug der Erscheinung der Korruption in den Bildungssystemen zu lesen. Die Erhebung fand zwischen 2001 und 2003 in zehn Ländern statt. Auch die neuen Maßnahmen zur Bekämpfung von Korruption

---

[217] Vgl. SEP 2008.
[218] Vgl. Jordan 2004.
[219] Vgl. Meier 2005, S. 46.

sind diesbezüglich in dem Heft kurz zusammengefasst.[220] Diese Informationen sind bereits in der vorliegenden Untersuchung berücksichtigt worden.

7.2.2 Weltbank

Die Weltbank arbeitet in Mexiko seit Anfang der 1980er Jahren. Sie kooperiert mit der Regierung und arbeitet ebenso mit anderen Nichtregierungsorganisationen zusammen. Die Unterstützung der Weltbank erstreckt sich über die finanzielle Hilfe bis hin zum Wissensbeistand in diversen Sektoren. Jedes Jahr gibt die Weltbank einen Bericht über die Lage des Landes aus. Darin sind die aktuellen wirtschaftlichen und politischen Problemen die Evaluierung der Weltbankprojekte in Mexiko zu ist. Der finanzielle Beitrag der Weltbank für Mexiko hängt davon ab, in welchem Maße sich die Regierung für den Erfolg der Projekte einsetzt. In den 1990er Jahren erlitt Mexiko eine finanzielle Krise. Zwischen 1990 und 1997 betrugen die Schulden des Landes gegenüber der Weltbank über 12.183.500.000 US-Dollar (ohne Zinsen).[221] Das Interesse der Weltbank, Mexiko zu unterstützen, besteht darin, die Armut und Ungleichheit zu verringern, die Grund- und Berufsbildung zu fördern, die Wettbewerbsfähigkeit in der Wirtschaft zu steigern, die Infrastruktur auszubauen, die natürlichen Ressourcen zu schützen und die Umweltverträglichkeit nachhaltig zu gestalten.[222] Durch diese Anstrengungen soll die Demokratisierung des Landes vorangetrieben werden, für transparente Institutionen gesorgt werden und dadurch Korruption verhindert werden.

Zwischen 1990 und 1998 hat die Weltbank über 595 Millionen Dollar für den primären Bildungssektor, so z.B. in Kredite für höhere Bildung an Studenten und wissenschaftliche und technologische Forschung investiert.[223] Zwischen 1998 und 2007 hat die Weltbank die mexikanische Regierung mit über 700 Millionen Dollar unterstützt. Auf Antrag der SEP hat die Weltbank in dem erwähnten Zeitraum an der Reformierung des korporatistischen mexikanischen Bildungssystems mitgewirkt.[224] Ziel des Kooperationsprojektes der Regierung und der Weltbank in dem Bereich der Bildung war es die korruptionsfördernde Strukturen in der Verwaltung reformieren und für ein transparentes System in dem Bildungsbereich zu sorgen. Der Schwerpunkt des PARAEIB lag darin, den Zugang zur Grundbildung für jedes schulpflichtiges Kind zu ermöglichen. Des Weiteren wurde

---

[220] Vgl. Meier 2005, S. 44.
[221] Vgl. Soto 2001.
[222] Vgl. WB 2004.
[223] Vgl. Soto 2001.
[224] Vgl. Cofemermer 2001.

angestrebt die begrenzte Zugängigkeit zur tieferen und höheren Sekundärbildung zu erweitert, die geringe Qualität des Bildungssystems zu verbessern und die schwache Steuerung und Verwaltung auf Landesebene zu beheben.[225] Die erste Phase zwischen Juni 1998 und Dezember 2001 orientierte sich an der Verbesserung der Qualität in der Vorschule, der allgemeinen Sekundärschule und an der Fachoberschule. Demnach haben 50 Prozent der ärmsten Schüler in den ländlichen Regionen und 25 Prozent der Schüler in den marginalen Gebieten der städtischen Regionen in 14 Staaten Hilfe erhalten.[226] Durch das staatliche Programm zur Armutsbekämpfung (Programa de Educación, Salud y Alimentación, PROGRESA) geleistete finanzielle Hilfe des Staates für die extrem arme Bevölkerung hat dazu beigetragen, dass die Quote der Abbrecher beim Übergang der Schüler von der Primärschule zur Sekundärschule gesunken ist.[227] Um den Schulabbruch kontinuierlich zu bekämpfen, wurde in die sog. iniziierende Bildung investiert. Unter diese Bildungform sind Training und Unterricht der Eltern und anderen Erwachsenen, die schulpflichtigen Kinder zwischen 0 und 5 Jahren erziehen, zu verstehen. Um den erhöhten Bedarf an die Sekundärschulen zu decken, wurde durch die Phase I in die sog. „*Telesecundaria*" investiert. Hiernach konnten die Schüler aus den ländlichen Regionen über „Fernlernen" ihrer sekundären Schulpflicht nachkommen.[228] Die Phase II wurde in den 31 Bundesstaaten implementiert und konzentrierte sich auf die Vorschule, primäre und tiefere sekundäre Ausbildungen. Die wesentliche Aufgabe lag in der Qualitätsverbesserung der Primärschulen sowie darin, das Management in dem Bildungssystem auszubauen. Weiterhin waren die Stärkung der Kapazitäten der ländlichen Institutionen und die Stärkung der Planung, Programmierung sowie die Auswertung der Verteilung der Leistungen in der Grundausbildung von Bedeutung. In der letzten Phase des PAREIB zwischen 2004 und 2007 wurde das Vorhaben der Phase II bezüglich der Qualitätsverbesserung der Primärschulen fortgeführt. Dies beinhaltete unter anderem die Bereitstellung der didaktischen Materialien, die Ausbildung der Lehrer, die Schulaufsicht, die Implementierung des auf der Schule basierenden Managements und die weitere Verfestigung der Planung, Programmierung und die Auswertung der Verteilung der Leistungen in der Grundausbildung.

---

[225] Vgl. WB 2007. S. 1.
[226] Vgl. WB 2007. S. 2.
[227] Vgl. IFPRI 2002, S. 3.
[228] Vgl. WB 2007. S. 2.

Das PAREIB Programm beinhaltete drei Bestandteile, die das mexikanische Bildungssystem zugunsten von Transparenz, regelmäßige Kontrolle und Bildungsqualität veränderten. Der erste Bestandteil umfasst die initiierende Bildung. Hier erhielten 75 Prozent der Eltern, die kleine Kinder erziehen, ein außerschulisches Training mit dem Ziel, zu einer umfassenden Entwicklung der Kinder beizusteuern. Den Kindern soll dadurch der Übergang zur Vorschule erleichtert werden. Zielgruppe dieses Trainings waren indigene und einkommensschwache Familien aus den ländlichen Regionen, mit Kindern zwischen 0 und 4 Jahren oder Familien, die ihr erstes Kind erwarten. Weitere Zielgruppen der initiierenden Bildung waren Förderer, Aufsichtspersonen und Koordinatoren, die ihr Wissen über die Qualität und Effizienz der Dienstleistungserbringung erweitern konnten.

Der zweite Bestandteil orientierte sich an der Unterstützung der Grundausbildung. Es handelte sich hierbei um die Verbesserung der Grundausbildung in den isolierten und ländlichen Regionen. Die Vorschulen, Primär- und Telesekundärschulen in den ländlichen Regionen erhielten didaktisches Material zur Verbesserung des Lehrzustandes, um ihr Niveaus an die städtischen Vorgaben anzupassen. Lehrgänge wurden für die Grundschullehrer eingerichtet, um ihre pädagogischen Fähigkeiten zu stärken. Weiterhin wurde angestrebt, die Partizipation der Eltern in den Schulaktivitäten zu erhöhen. Die Eltern wurden über die Leistung der Schüler informiert und es wurde ihnen gezeigt, wie sie zur Steigerung der Leistung ihrer Kinder beitragen können. Da die Lehrerfluktuation in Mexiko besonders hoch ist, wurde der Leistungsanreiz für die Grundschullehrer eingeführt. Die Lehrer, die sich darin engagieren, Kinder mit schlechter Leistung nach dem Unterricht zu fördern, erhalten 27 Prozent Zusatzgehalt monatlich. Diese Aktion wird von dem Elternverband (Asociaciones de Padres de Familia, AFP) kontrolliert.

Der dritte Bestandteil fokussierte sich auf die Stärkung der Institutionen. Ziel dieses Vorhabens war es, die Stärkung der Funktion der Bildungsministerien der Länder (Secretarías Estatales de Educación Pública, SEEP) bei der Planung, Programmierung und Auswertung der Leistung in der Grundausbildung. Besonderen Schwerpunkt erhielt die Stärkung der pädagogischen Kapazitäten der SEEP. Dies war notwendig um qualitätsvolle Lehrgänge für die Lehrer zu organisieren, die Bildungsmaßnahmen auszuwerten, interkulturelle Bildung zu fördern und um die Bildungstechnologie effektiv zu nutzen. Die administrative Kapazität der SEEP wird durch die Ausbildung des Verwaltungspersonals, durch transparente Verwaltung der Finanzen, durch Entwicklung von Überwachungs- und Auswertungsmaßnahmen sowie durch die effektive Koordination zwischen den regulären und kompensierenden Bildungsprogrammen gestärkt. Der folgende Soll-Ist-Vergleich veranschaulicht die Effektivität der Durchsetzung des Projektvorhabens.

Die Maßnahmen des Projekts begünstigten in den Vorschulen 54,5 Prozent der Schüler aus den ländlichen Regionen. Weiterhin wurden 44 Prozent der Lehrer begünstigt sowie mehr als 39 Prozent aller ländlichen Schulen unterstützt. Das Projekt deckte ein Drittel aller Einschreibungen in den mexikanischen Grundschulen.[229] Nach der Evaluierung des Projektes lässt sich eine positive Auswirkung feststellen.[230] Die Abbruchrate der Schüler in der Primärschule hat sich in der Grundschule von 3,4 Prozent zu Beginn des Projektes auf 1,8 Prozent nach dem Abschluss der dritten Phase der PAREIB beobachten. In der Telesekundärschule waren es 8,2 Prozent der Schüler die die Schule im Jahr 1997 abgebrochen haben. Diese Zahl sank nach der Durchführung der PAREIB-Maßnahme auf 5,6 Prozent. Die Zahl der Schüler, die die Grundschule beendet haben hat sich von 77,4 Prozent im Jahr 1997 auf 88,8 Prozent in dem darauf folgendem Jahr erhöht. In der Telesekundärschule erhöhte sich die Zahl der Schüler auf 81,4 Prozent. Dies waren 5,9 Prozent mehr Schüler im Jahr 2007 als im Jahr 1997.[231] Einschlägige Ergebnisse weisen auf die Effektivität des Projektes hin, jedoch bleibt offen, welche Interventionen genau zu einer Veränderung beitragen.[232]

Durch die Beteiligung nicht nur der Lehrer sondern auch der Eltern in die einzelnen Prozesse wurde die Kontrolle über die Tätigkeit der Lehrer erhöht. Dies war vor fast zwanzig Jahren nicht möglich. Die Klassen waren heimliche Nischen der Lehrer und man vereitelte das Bestreben, die Lehrer auszuwerten.[233] Laut der Befragung der „*Fundación Este País*" im April 2006 haben 76 Prozent der Schuldirektoren und 80 Prozent der Lehrer berichtet, dass bei den Eltern, die ein Training in der *iniziierenden* Bildung erhalten haben, eine höhere Aufmerksamkeit und Unterstützung für ihre Kinder aufweisen.[234] Dieses Projekt hat weiterhin dazu beigetragen, um aus den diversen Analysen, Studien und Untersuchungen an weitere Erkenntnisse zu gelangen und neue Forschungsschwerpunkte formulieren zu können.

---

[229] Vgl. WB 2007. S. 2.
[230] Vgl. Shaprio 2004.
[231] Vgl. WB 2007. S. 12.
[232] Vgl. Shaprio 2004, S.14.
[233] Vgl. Jordan 2004.
[234] Vgl. WB 2007. S. 24.

7.2.3 OECD

Wie TI und die Weltbank, fertigt die OECD ebenso Studien, Analysen und Berichte über die wirtschaftliche Lage von Mexiko an. Sie ermittelt durch die PISA Studie das Niveau der mexikanischen Schüler im internationalen Vergleich. Dadurch erfüllt die OECD eine wichtige Kontroll- und Überwachungsfunktion in Mexiko. Doch den Schwerpunkt des folgenden Abschnittes bildet die Auswertung der OECD Antikorruptions-Konvention, welche Mexiko im Jahr 1997 unterzeichnet hat. Sie trat am 26. Juli 1999 in Kraft.[235] Eine Einführung in die allgemeinen Maßnahmen die die Antikorruptionskonvention verfolgte wurde bereits im Kapitel 3.2.3. abgehandelt. Ziel der Konvention in Mexiko ist es, Maßnahmen zu entwickeln, die die Akteure länderübergreifender Korruptionsprozesse nachverfolgen. Diese Vorkehrungen tragen dazu bei, dass in Mexiko jeder Investor in einem korruptionsfreien Umfeld die gleiche Chance hat, einen Regierungsauftrag zu erhalten. Solch ein Handeln erhöht den positiven Effekt, in das Land zu investieren. Damit soll wirtschaftliche Stabilität geschaffen und das Vertrauen der Öffentlichkeit in die Institutionen gestärkt werden.[236]

Bei der Bekämpfung der Korruption in Mexiko und der Umsetzung der Antikorruptionskonvention sind Akteure auf jeder Ebene des politischen, wirtschaftlichen, juristischen und gesellschaftlichen Lebens zuständig. Die Aufgabe der Bundesregierung ist es, ein Rechtssystem zu schaffen, das die Befolgung und Verbreitung der Konvention garantiert und das Nichteinhalten der Konvention bestraft. Aufgabe der Landes- und Kommunalregierung ist es, die Rahmenbedingungen der Konvention auf Länder- und Kommunalebene zu stärken und den Geltungsbereich zu überwachen. Des Weiteren wird der Einsatz der Konvention zwischen dem öffentlichen und privaten Sektor gefördert. Aufgabe der Unternehmen ist es, ein Verhaltenskodex zu schaffen, der für Transparenz der Subjekte im internationalen Handelsraum garantiert. Die Rechnungsprüfer und die Auditoren sorgen dafür, dass die regelwidrigen Handlungsweisen erfasst und vermieden werden. Die extra Zahlungen und die Deckung von rechtswidrigen Aktivitäten werden überwacht und bestraft. Die Amtsträger haben nach ihrem besten Wissen die Pflicht, jede Art von Aktivitäten in der internationalen Bestechung, zu ermitteln, zu unterbinden und zu melden. Nicht zuletzt, hat die Zivilbevölkerung die Pflicht, die Einhaltung der Konvention zu beobachten und die Umsetzung der Maßnahmen voranzutreiben.

---

[235] Vgl. SFP 2008.
[236] Vgl. SFP 2008.

Um die Effektivität der Konvention zu erreichen, ist die Aufklärung über die Konvention bei der Zivilbevölkerung und der Akteure der öffentlichen Verwaltung auf Bundes- und Landesebene durchzuführen.

Das SFP spielt eine wichtige Rolle bei der Antikorruptionsbildung in Mexiko. In dem Nationalen Entwicklungsplan für die öffentliche Verwaltung (2001-2006) wurde neben der nationalen Zielsetzung, Korruption zu bekämpfen auch die Erhöhung des öffentlichen Bewusstseins gegenüber der OECD-Konvention thematisiert. Die SFP gab Informationsbroschüren über die Konvention aus, organisierte Seminare, druckte amtliche Bekanntmachungen, stellte Informationspakete zusammen, organisierte Radio Spots und Fernsehwerbefilme. Auf der Internetseite der SFP wurden mehr als 500 andere staatliche und nichtstaatliche Internetseiten verlinkt.[237] Diese Informationen waren erhältlich für alle Akteure der mexikanischen Gesellschaft, von der öffentlichen Verwaltung, über die Zivilbevölkerung, die Medien bis hin zum privaten Sektor. Das sog. „Konventionspaket" der SFP beinhaltete eine Broschüre darüber, wie eine Anzeige erstattet werden kann. Informationen über die Umsetzung der OECD-Antikorruptionskonvention sowie ein Verhaltenskodex für Geschäftsleute, Juristen und Beamten in internationalen Geschäftsverkehr haben dieses Informationspacket ergänzt.

Die Aktivitäten der SFP zu informieren und die OECD-Konvention landesweit zu verbreiten und anzuwenden erzeugte eine hohe Aufmerksamkeit im privaten und öffentlichen Sektor. Föderale Institutionen haben angefangen, die „Konventionspakete" in ihren Büros zu verteilen. Sie haben sich mit der Internetseite der SFP verlinken lassen und damit Informationen über die Konvention in ihre eigene Internetseite integriert. Einige der mexikanischen Ministerien haben Poster in ihre Büros ausgehängt, um die Staatsbesuche auf ihre Antikorruptionsengagements, aufmerksam zu machen. Das Wirtschaftsministerium fördert Strategien für die Sicherung der Wettbewerbsfähigkeit und Transparenz auf dem Markt und bietet kleinen und Mittelständischen Unternehmen Unterstützung bei der Entwicklung ihrer Geschäfte im In- und Ausland an. Durch diese Regulierungen kann das Ministerium die wirtschaftlichen Tätigkeiten der Unternehmen überwachen.

---

[237] Vgl. OECD 2004, S. 25. OECD Working Group on Bribery in International Business Transactions: OECD Directorate for Financial and Enterprise affairs, Mexico Phase II: Report on the application of the convention on combating bribery of foreign public officials in international business transactions and the 1997 recommendation on combating bribery in international business transactions.

Auch das mexikanische Außenministerium erhöhte seine Aufmerksamkeit in der Bekämpfung der Korruption durch die OECD-Konvention. Weiterhin hat das Ministerium das „Konventionspaket" an alle mexikanischen Botschafter in den OECD-Mitgliedsländern versendet. Die nicht OECD-Länder haben allgemeine Informationen zur Bekämpfung von Korruption von dem mexikanischen Außenministerium erhalten. Das „Konventionspaket" erhielten weiterhin Botschafter sowie Industrie- und Handelskammer der OECD-Staaten, die in Mexiko ansässig sind.[238]

Da in Mexiko eine allgemeine Akzeptanz darüber besteht, dass die Bildung eine effektive Maßnahme zur Korruptionsbekämpfung ist, kooperiert die SFP im Rahmen der OECD-Konvention mit diversen Universitäten im Land. Zu diesen zählt u.a. die „Universidad Iberoamerica", die international anerkannte Universität „Universidad Nacional Autonoma de Mexico"[239] und die siebtbeste Privatuniversität der Welt, die „Instituto Tecnológico de Estudios Superiores de Monterrey".[240] Die „Instituto Tecnológico" bietet in Kooperation mit der SFP Seminare über Transparenz und Ethik an.

TM überwacht die Umsetzung der Maßnahmen der OECD-Konvention und veröffentlicht die Fortschritte in einem Lagebericht.[241] Laut der Untersuchung, die in 2007 durchgeführt wurde, wird im Bericht das Fehlen einer Rechtsform für den Schutz der „Whistleblowers" bemängelt.[242] TM bewertet das Engagement der SFP, der Fachstaatsanwaltschaft für die Bekämpfung von Korruption in dem föderalen Staatsdienst (Fiscalía Especial para el combate a la Corrupción en el Sercicio Público Federal) und bei den Internen Kontrollorganen aller Ministerien (Órganos Internos de control, OIC) positiv. Zu ihrem Engagement gehören wie oben bereits behandelt, neben der Information, Aufklärung und Thematisierung der Korruption auch die Beteiligung an Ermittlungen und Anklage der korrupten Fälle.[243]

---

[238] Vgl. OECD 2004, S. 27.
[239] Vgl. OECD 2004, S.25
[240] Vgl. WSJ 2006.
[241] Vgl. Hiemann 2008, S. 6.
[242] Vgl. Hiemann 2008, S. 28.
[243] Vgl. Hiemann 2008, S. 28.

Diese Bekämpfungsmaßnahmen sind in der Bevölkerung mehr oder weniger bekannt. Die Ergebnisse der Befragung in Mexiko-Stadt ermöglicht eine Bestandsaufnahme über die Effektivität der nationalen und internationalen Bekämpfungsmaßnahmen.

Die bereits existierenden nationalen Bekämpfungsmaßnahmen beurteilt jeder Zweite als nicht effektiv, etwa 30 Prozent als effektiv. Nur 8 Prozent der Befragten sind der Meinung, die nationalen Bekämpfungsmaßnahmen seien sehr effektiv. Bei den internationalen Maßnahmen sind die Befragten optimistischer und jeder dritte ist überzeugt, dass die internationalen Maßnahmen effektiv sind und ca. 8 Prozent sagten, sie wären sehr effektiv.

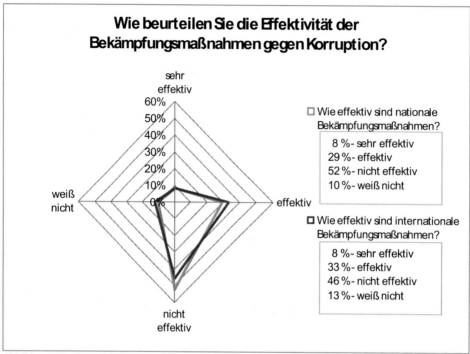

Abbildung 13: Effektivität von nationalen und internationalen Bekämpfungsmaßnahmen (gem. Fragebogen Frage 23,24)

8 Fazit

Das Ziel der Studie, die Erscheinungsformen der Korruption in Mexiko zu analysieren, anschließend auf die Ursachen zu schließen sowie die bereits existierenden Bekämpfungsmaßnahmen zu untersuchen, konnte erfüllt werden. Die Prüfung der Effektivität der nationalen und internationalen Maßnahmen bieten sich als weitere, für den Bereich der Korruptionsforschung wertvolle Impulse an, die nicht als Ziel dieser Studie formuliert worden sind, doch als weiterer Forschungsbedarf anzumerken ist.

Die Ursachen der Korruption wurden auf der Grundlage diverser Erscheinungsformen auf politischer, wirtschaftlicher und gesellschaftlicher Ebene analysiert und aus den daraus gewonnen Erkenntnissen schlussfolgert. Bei der Auswahl der Korruptionsformen spielte die nationale und internationale Medienberichterstattung eine wesentliche Rolle, da die Erfassung der Korruption, wie bereits im zweiten Kapitel erwähnt, oft eine Gradwanderung zwischen wissenschaftlicher Analyse und Journalismus ist.

Obwohl als Untersuchungsbereich der Bildungsbereich zum Ziel gesetzt wurde, konnten die Ursachen der Korruption nicht ausschließlich auf das Bildungssystem selbst bezogen werden. Hier zeigte sich erneut, dass sich Korruption nicht nur durch eine bestimmte Anzahl von Merkmalen definieren lässt, sondern dass ihr Wesen durch eine unbeschränkte Anzahl von Merkmale geprägt wird. So lassen sich die Korruptionsfälle im Bildungsbereich auf politische, institutionelle, wirtschaftliche und gesellschaftliche Ursachen zurückzuführen.

Die nationalen Bekämpfungsmaßnahmen wurden nach dem Prinzip der „Transparenz-Kontrolle-Bildung" untersucht und durch Beispiele hinterlegt. Bei den internationalen Maßnahmen zur Bekämpfung der Korruption wurden die Instrumente und Tätigkeiten der drei wichtigsten internationalen Organisationen wie TI/TM, die Weltbank und die OECD erforscht. Aus dieser Analyse konnten Erkenntnisse gewonnen werden, die durch die Vielfältigkeit der Bekämpfungsmaßnahmen auf eine wachsende Tendenz schließen lassen.

Bei der Untersuchung der Korruptionsursachen wird empfohlen, das Motiv des Prinzipals, der Agenten und der Klienten aus einer getrennten Perspektive zu betrachten. Wie im Kapitel 2.3 behandelt, können die Ursachen der Korruption je nach Beteiligten unterschiedlich sein. Ihre Bekämpfung kann dementsprechend unterschiedlich ausfallen. Wie es in dem Fall einer Ausschreibung für die Renovierung eines Schulgebäudes für den Prinzipal die korrupte Handlung ein materieller Anreiz (Bestechungsgeld) ist, so kann dies für den Klienten ein immaterieller Anreiz (Gewinner der Ausschreibung) sein. Beide Seiten der korrupten Handlung erhalten dabei einen persönlichen Vorteil. Die Bekämpfung dieser Art von Korruption erfolgt nicht durch die Anzeige des Klienten selbst sondern durch einen Dritten, beispielsweise durch einen anderen Bewerber, der die Ausschreibung nicht gewonnen hat. Dieser Fall setzt aber eine sehr hohe Transparenz und den Zugang zu Informationen über die Ausschreibung auch für den Dritten voraus. Da solche Fälle aber meistens im Verborgenen, in „vertrauten Kreisen" geschehen, ist eine Kontrolle für Dritte nur schwer gegeben. Eine weitere Möglichkeit, den Prinzipal zu kontrollieren, besteht theoretisch, in bestimmten Fällen auch praktisch, bei dem ausführenden Agenten. Dieser Fall kann aber von der Norm der triadischen Beziehung abweichen. Wie bereits im Kapitel 2.2.1 erwähnt wurde, kann eine korrupte Handlung ohne die Beteiligung des ausführenden Agenten nur zwischen dem Prinzipal und dem Klienten erfolgen. Die Ursachen dieser Art von Korruption liegen in der intransparenten Verwaltungsstruktur und in der mangelnden Kontrolle der Tätigkeiten der Verwaltungsbediensteten.

Die persönliche Vorteilsnahme (Ambition) ist eine der häufigsten Ursachen für eine korrupte Handlung. Dies zeigen nicht nur die praktischen Beispiele im Kapitel 2.1, sondern ebenso die Daten des eigenen Fragebogens. Die Beteiligten sind nicht scheu, zu korrupten Mitteln zu greifen, um an eine höhere Position zu gelangen oder an zusätzlich Geld zu kommen. Als Ursachen wurden die intrapositionalen Vorteile, das heißt, die Vorteile, die aus der eigenen gehobenen Stellung eines Beamten hervorgehen und die extrapositionalen Vorteile, die Vorteile die für Dritte gewährt werden, definiert. Im Bildungsbereich handelt es sich beispielsweise um den Verkauf von kostenlosen Schulbücher und Uniformen sowie um Vererben oder Verkauf des Lehrerberufes.

Als weitere Ursachen der Korruption sind der hohe Anteil an Analphabetismus und die hohe Anzahl der nur der indigenen Sprachen sprechenden Bevölkerung, insbesondere in den ländlichen Regionen, zu nennen. Neben der sprachlichen und analphabetistischen Einschränkung zur Informationsgewinnung sind auch die positiven Tendenzen der Informationsbereitschaft des Spanisch sprechenden, lesenden und schreibenden Bevölkerung zu nennen. Jeder zweite Befragte gab in der eigenständigen Befragung an, Korruption in jedem Fall zu melden. Gegen eine Meldung dieser Delikte entschieden sich 23 Prozent aus Angst und 13 Prozent aus Desinteresse.

Schlussfolgernd lässt sich feststellen, dass Korruption in der mexikanischen Gesellschaft kein Tabuthema mehr ist. Sie identifizieren korrupte Handlungen, nehmen an Antikorruptionsmaßnahmen teil und erkennen gleichzeitig die Wichtigkeit der Antikorruptionsbildung. Sie sind sich weiterhin darüber einig, dass eine nachhaltige Bekämpfung von Korruption nur durch ein qualitätsvolles Bildungssystem erfolgen kann. Nur durch ein korruptionsfreies Bildungssystem kann eine moralisch handelnde Gesellschaft, das heißt, eine Gesellschaft, die sich bewusst gegen korrupte Handlungen entscheidet, geformt werden. Die ethische Verantwortung der Lehrer gegenüber ihren Schülern soll weiterhin gefördert werden.

Die aktuelle Regierung von Felipe Calderón hat sich die Aufgabe gestellt, Korruption auf jeder politischen, wirtschaftlichen und gesellschaftlichen Ebene bewusst zu bekämpfen. Die Förderung der transparenten Bildungsstruktur, der leistungsabhängigen Entlohnung der Lehrer und die Reduzierung der Machtposition der Lehrergewerkschaft sind die innovativen Programme des Präsidenten, welche nachhaltig die Bekämpfung von Korruption vorantreiben.

Die Zusammenarbeit der TM, der Weltbank und der OECD mit der Regierung trägt zu einer ständigen Kontrolle des Regierungsvorhabens bei und gibt internationale Impulse für den Erfolg der Maßnahmen.

Unter der Bevölkerung besteht Einigkeit darüber, dass Korruption ein sehr ernstes Problem ist, das nicht nur durch das Engagement der Regierung und Nichtregierungsorganisationen gelöst werden kann, sondern die Bevölkerung selbst aktiv dagegen vorgehen muss. Die Zukunft Mexikos hängt jedoch davon ab, in wie weit sich das Engagement der Bevölkerung und der Regierung langfristig durchgesetzt wird.

Literaturverzeichnis

[Ackermann 2005] ACKERMANN, Susan-Rose: *Groß angelegte Korruption und Ethik in der globalen Wirtschaft.* In: ALEMANN, Urlich von (Hrsg.): *Dimensionen politischer Korruption.* Wiesbaden, VS Verlag für Sozialwissenschaften, 2005, S. 195-229

[Ahlf 1996] AHLF, Ernst-Heinrich: *Zum Korruptionsbegriff: Versuch einer Annäherung.* In: *Kriminalistik.* Jhrg. 50, Wiesbaden, Hüthig Jehle Rehm GmbH, 1996, S. 154-157

[Alemann 2005] ALEMANN, Ulrich von (Hrsg.): *Dimensionen politischer Korruption: Beiträge zum Stand der internationalen Forschung.* 1. Aufl. Wiesbaden, VS Verlag für Sozialwissenschaften, 2005, S. 13-49

[Amundsen 2007] AMUNDSEN, Inge: *Corruption: Definition and concepts.* In: HALLAK, Jacques; POISSON, Muriel: *Corrupt schools, corrupt universities. What can be done?* Paris, United Nations Educational, 2007

[Arrow 1985] ARROW, Kenneth Joseph: *Information and Economic Behaviour.* In: RICHTER, Rudolf (Hrsg); FURUBOTN, Eirik G. (Hrsg): *Neue Institutionenökonomik.* 3.Aufl. Mohr Siebeck, 1985

[Arteaga 2000] ARTEAGA BOTELLO, Nelson; LÓPEZ RIVERA, Adrian: *Everything in This Job is Money: Inside the Mexican Police.* In: *World Policy Journal.* Bd. 17, Nr. 3. World Policy Institute, 2000

[Bannenberg 2002] BANNENBERG, Britta: *Korruption in Deutschland und ihre strafrechtliche Kontrolle: Eine kriminologisch-strafrechtliche Analyse.* Neuwied, Luchterhand, 2002

[Bannenberg 2007] BANNENBERG, Britta; SCHAUPENSTEINER, Wolfgang: *Korruption in Deutschland. Portrait einer Wachstumsbranche.* München, C.H.Beck, 2007

[Bellers 2004] BELLERS, Jürgen; KÖNIGSBERG, Maren: *Skandal oder Medienrummel.* Berlin-Hamburg-Münster, LIT Verlag, 2004

[Björn 2004] BJÖRN, Frank: *Zehn Jahre empirische Korruptionsforschung.* In: DEUTSCHES INSTITUT FÜR WIRTSCHAFTSFORSCHUNG (Hrsg.): *Vierteljahrshefte zur Wirtschaftsforschung, Bd. 2, Korruption aus ökonomischer Sicht.* Berlin, Dunker & Humblot, 2004, S. 184-199

[Bluhm 2002] BLUHM, Harald; FISCHER, Karsten (Hrsg.): *Sichtbarkeit und Unsichtbarkeit der Macht. Theorie politischer Korruption.* 1. Aufl. Baden-Baden, Nomos Verlagsgesellschaft, 2002

[BMZ 2008] BUNDESMINISTERIUM FÜR WIRTSCHAFTLICHE ZUSAMMENARBEIT UND ENTWICKLUNG (Hrsg.): *Partner für ein starkes Afrika: Zusammenarbeit im Bereich Good Governance.*

2007, URL http://www.bmz.de/de/service/infothek/fach/materialien/Materialie161.pdf (Zugriff: 2.09.2008)

[BMZ 2002] BUNDESMINISTERIUM FÜR WIRTSCHAFTLICHE ZUSAMMENARBEIT UND ENTWICKLUNG (Hrsg.): *Korruptionsbekämpfung: Ein Positionspapier der BMZ Spezial 045*. 2002, URL http://www.bmz.de/de/service/infothek/fach/spezial/spezial045pdf.pdf

[BPB 2004] BUNDESZENTRALE FÜR POLITISCHE BILDUNG (Hrsg.): *Duden Wirtschaft von A bis Z. Grundlagenwissen für Schule und Studium, Beruf und Alltag*. 2. Aufl. Bibliographisches Institut & F.A. Mannheim, Brockhaus, 2004, URL http://www.bpb.de/wissen/H75VXG„.html?wis_search_action=search&wis_search_alltext=Weltbank&wis_wirtschaft=8&x=15&y=6&wis_search_type_buchstaben=4 (Zugriff: 13.08.2008)

[Braig 2008] BRAIG, Marianne; MÜLLER, Markus-Michael: *Das politische System Mexikos*. In: STÜWE, Klaus; RINKE, Stefan (Hrsg.): *Die politischen Systeme in Nord- und Lateinamerika: Eine Einführung*. 1. Aufl. Wiesbaden, VS Verlag für Sozialwissenschaften, 2008, S. 388-414

[Bretton 2006] BRETTON WOODS: *The World Bank and education*. 2006, URL http://www.brettonwoodsproject.org/art-507743, (Zugriff: 03.12.2008)

[Buss 2000] BUSS, Hero: *Reifeprüfung in Demokratie*. In: FOCUS MAGAZIN VERLAG GMBH (Hrsg.): Focus. (2000), Nr. 28, München, S. 190

[Calderón 2008] CALDERÓN Hinojosa, Felipe: *Programa Nacional de Rendición de Cuentas, Transparencia y Combate a la Corrupción 2008-2012*. 2008, URL http://www.programaanticorrupcion.gob.mx/discursoPresidente_09dic08.pdf (05.01.2009)

[Castritius 2008] CASTRITIUS, Michael: *Bundeskanzlerin besucht Mexiko*. 2008, URL http://www.tagesschau.de/ausland/mexiko34.html

[CNN 2008-1] CNNMONEY.COM: *Fortune Ranking Global 500*. 2008, URL http://money.cnn.com/magazines/fortune/global500/2008/snapshots/6385.html (Zugriff. 17.01.2009)

[CNN 2008-2] CNN.COM: *Mexico suspects ex-drug czar took huge bribes from traffickers*. 2008, URL http://edition.cnn.com/2008/WORLD/americas/11/21/mexico.arrest/index.html (Zugriff: 22.11.2008)

[Cofemer 2001] COMISIÓN FEDERAL DE MEJORA REGULATORIA: *Programa Nacional de Educación (PRONAE) 2001-2006*. 2001, URL www.cofemermir.gob.mx/uploadtests/8766.59.59.1.Introducción.doc (Zugriff: 04.01.2009)

[Cuellar 2007] CUELLAR, Héctor Ramón González: *El SNTE, de los más corrupto del sindicalismo mexicano*. 2007, URL http://setebc.wordpress.com/2008/07/12/el-snte-de-lo-ms-corrupto-del-sindicalismo-mexicano-zeta-opinionez/ (Zugriff: 24.12.2008)

[Di Franceisco 2002] DI FRANCEISCO, Waynel; GITELMANN, Zvi: *Soviet Political Culture and Modes of Covert Influence*. In: HEIDENHEIMER, Arnold J.; JOHNSTON, Michael (Hrsg.): *Political corruption. Concepts and Contexts*. New Jersey, New Brunswick, 2002, S. 539-558

[Dietz 1998] DIETZ, Markus: *Korruption: Eine institutionstheoretische Analyse*. Berlin, Spitz Verlag, 1998

[EC 2007] EUROPÄISCHE KOMMISSION: *Länderstrategiepapier Mexiko 2007-2013*. 2007, URL http://ec.europa.eu/external_relations/mexico/csp/07_13_de.pdf (Zugriff: 4.01.2009)

[Economist 2007] THE ECONOMIST: *Education in Mexico. "Teacher" Holds Back the Pupils*. 2007, URL http://www.economist.com/research/backgrounders/displaystory.cfm?story_id=9516526

[Ehringfeld 2008] EHRINGFELD, Klaus: *Mexikos unerreichbarer Ölschatz*. 2008, URL http://www.berlinonline.de/berliner-zeitung/archiv/.bin/dump.fcgi/2008/0410/wirtschaft/0023/index.html

[Eigen 2003] EIGEN, Peter: *Das Netzwerk der Korruption. Wie eine weltweite Bewegung gegen Bestechung kämpft*. Frankfurt am Main, Campus-Verlag, 2003

[FPC 2007] FUNDACIÓN Poder Ciudadano: *Plan Estratégico bienal 2007/2008*. 2007, URL www.poderciudadano.org.mex (Zugriff: 13.11.2008)

[Freisitzer 1972] FREISITZER, Kurt; KÄFER, Hermann: *Der Mensch in der Gesellschaft*. Wien, Herder, 1972

[Gathmann 2007] Gathmann, Florian: *Mexikos Regierung entlässt 280 Polizeichefs*. 2007, URL http://www.spiegel.de/politik/ausland/0,1518,490650,00.html (Zugriff: 19.10.2008)

[Gehring 2004] GEHRING, Hubert; BLEIDIESEL, Simon: *Der Orientierungslose Riese-Probleme der PRI in Mexiko nach 71 Jahren Regierung und vier Jahren Opposition*. In: KONRAD-ADENAUER-STIFTUNG (Hrsg.): *Auslandsinformationen*, (2004), Nr. 8, Berlin, S. 67-84

[German 2008] GERMAN, Dehesa: *Adiós a las trampas 2. Fondo de ultura Económica*, México D.F., 2008

[Glynn 1997] GLYNN, Patrick; KOBRIN, Stephen J.; NAIM, Moises: *The Globalization of Corruption*. In: ELIOTT, Kimberley Ann (Hrsg.): *Corruption and Global Economy*. Washington D.C., The Institute for International Economics, 1997, S. 7-27

[Grayson 2008] GRAYSON, George W. Grayson: *„Jimmy Hoffa in a Dress", Union Boss´s Stranglehold on Mexican Education Creates Immigration Fallout*. In: CENTER FOR IMMIGRATION STUDIES (Hrsg.), *Backgrounders and Reports*. Washington D.C., 2008

[Grupp 2001] GRUPP, Bruno: *Korruptionsabwehr in der öffentlichen Verwaltung. Bestechungsschwerpunkt und Begleitdelikte. Professionelle amtsinterne Korruptionsanalyse. Antikorruptionskonzept für Behörden, Unternehmen und Anstalten*. Renningen-Malmsheim, Expert Verlag, 2001

[Guerrero 2008] GUERRERO, Claudia: *Cobran sin dar clases*. 2008, URL http://www.reforma.com/libre/acceso/acceso.htm?urlredirect=/nacional/articulo/423/845489/

[Gurría 2008] GURRÍA, Angel; ORGANISATION FÜR WIRTSCHAFTLICHE ZUSAMMENARBEIT UND ENTWICKLUNG (OECD) (Hrsg.): *Pisa. Die internationale Schulleistungsstudie der OECD*. 2008, URL http://www.oecd.org/dataoecd/58/62/38390057.pdf (Zugriff: 17.09.2008)

[Gwerders 2008] GWERDERS, Alexander Xaver: *Mexikos öffentliche Schulen im Würgegriff der Lehrermafia*. 2008, URL http://www.nzz.ch/nachrichten/international/mexikos_oeffentliche_schulen_im_wuergegriff_der_lehrermafia_1.887561.html (Zugriff: 20.11.2008)

[Hallak 2007] HALLAK, Jacques; POISSON, Muriel, INTERNATIONAL INSTITUTE FOR EDUCATIONAL PLANNING: *Corrupt schools, corrupt universities: What can be done?* Paris, United Nations Educational, 2007

[Heberer 1991] HEBERER, Thomas: *Korruption in China. Analyse eines politischen, ökonomischen und sozialen Problems*. Opladen, Leske + Buddrich, 1991

[Hecker 2001] HECKER, Christian: *Die OECD-Konvention zur internationalen Korruptionsbekämpfung. Hintergründe, Entstehung und Erfolgsaussichten*. In: IBERO-AMERIKA INSTITUT FÜR WIRTSCHAFTSFORSCHUNG (Hrsg.): Diskussionsbeiträge. Nr. 80, Göttingen, 2001

[Heyneman 2003] HEYNEMAN, Stephen P.: *Education and Corruption*. In: INTERNATIONAL JOURNAL OF EDUCATIONAL DEVELOPMENT, (2003), Bd. 24, Nr. 6, Bridgetown (Barbados), S. 637-648

[Hiemann 2008] HIEMANN, Fritz; DELL Gilian: *Enforcement of the OECD Convention on Combating Bribery of Foreign Public Officials in International Business Transactions.* In: TRANSPARENCY INTERNATIONAL (Hrsg.): *Progress Report 2008.* Berlin, 2008

[Hoffmann 2008] HOFFMANN, Karl-Dieter: *Drogenhandel in Mexiko.* 2008, URL http://www.bpb.de/themen/IBZGI4,0,Drogenhandel_in_Mexiko.html (Zugriff: 28.10.2008)

[Höffling 2002] HÖFFLING, Christian: *Korruption als soziale Beziehung.* Opladen, Leske + Buddrich, 2002

[Huber 2004] HUBER, Rudolf; ZORN Ingeborg: *Abschied von secretismo? Mexiko ein Jahr nach Inkrafttreten des Transparentengesetzes.* In: KONRAD-ADENAUER-STIFTUNG (Hrsg.): *Auslandsinformationen,* (2004), Nr.9, S. 85-93

[Huber 2008] HUBER, Christoph: *In Mexiko bleibt in Q2 Wirtschaftswachstum robust.* 2008, URL http://www.boerse-go.de/artikel/zeigen/articleId/959369 (Zugriff: 20.01.2009)

[Hurtado 2002] HURTADO, Javier; NAFARRATE, Javier Torres; UNIVERSIDAD DE GUADALAJARA (Hrsg.): *El sistema mexicano. Evolución y perspektivas.* Mexico D.F., Universidad de Guadalajara, 2002

[Huffschmid 2004] HUFFSCHMID, Anne: Big Brother der Demokratie: Medienmacht im neuen Mexiko. In: BERNECKER, Walther (Hrsg.); BRAIG, Marianne (Hrsg.); HÖLZ, Karl (Hrsg.): *Mexiko heute – Politik, Wirtschaft und Kultur.* Frankfurt am Main, Vervuert, 2004, S. 117-148

[IACC 2008] INTERNATIONAL ANTI-CORRUPTION CONFERENCE (IACC) (HRSG.): *13th International Anti-Corruption Conference.* 2008, URL http://www.13iacc.org/en/About-the-IACC/History (Zugriff: 04.01.2009)

[IFAI 2005] INSTITUTO FEDERAL DE ACCESO A LA INFORMACIÓN PÚBLICA (IFAI) (Hrsg.): *The State of Freedom of Information in the Western Hemisphe.* 2005, URL www.ifai.org.mx/descargar.php?r=/pdf/temas_transparencia/agenda/comision_JPGA/&a=Presentaci%F3nCogelJLMR.pdf (Zugriff: 01.12.2008)

[IFPRI 2002] INTERNATIONAL FOOD POLICY RESEARCH INSTITUTE (IFPRI) (Hrsg.): *Programa de Educación, Salud y Alimentation PROGRESA: Breaking the cycle of poverty.* 2002, URL http://www.ifpri.org/pubs/ib/ib6.pdf (Zugriff: 07.11.2008)

[Imhof 1999] IMHOF, Annemarie: *Korruption*. Zürich, Universität Zürich, Diss., 1999

[INEGI 2007] INSTITUTOS NACIONAL DE ESTADÍSTICA GEOGRAFÍA E INFORMÁTICA (INEGI) (Hrsg.): *Anuario Estadístico de los Estados Unidos Mexicanos*. Mexico D.F., 2006

[Inwent 2008] INWENT GGMBH: *Landeskundliche Informationsseite (LIS) Mexiko*. 2008 URL http://www.inwent.org/v-ez/lis/mexico/seite4.htm (Zugriff: 20.01.2009)

[IPS 2008] INTER PRESS SERVICE (IPS): *PEMEX oozes Corruption*. 2008 URL http://ipsnews.net/news.asp?idnews=42274 (Zugriff: 20.12.2008)

[Jordas 2004] JORDAS, Mary: *A Union's Grip Stifles Learning*. 2004, URL http://www.washingtonpost.com/wp-dyn/articles/A48017-2004Jul13_2.html (Zugriff: 09.12.2008)

[Kaiser 1999] KAISER, Rolf: *Die Bestechung von Beamten unter Berücksichtigung des Vorentwurfs zur Revision des schweizerischen Korruptionsstrafrechts*. Zürich, Schulthess Polygraph Verlag, 1999

[Kaufmann 2008] Kaufmann, Daniel: *IFAI and the agenda for transparency in Mexico*. 2008, URL http://governanceblog.worldbank.org/ifai-and-agenda-transparency-mexico (Zugriff: 18.12.2008)

[Kielmann 1993] KIELMANN, JUAN MUINO: *Mexiko und das Nordamerikanische Freihandelsabkommen*. In: SEVILLA, Rafael; AZUELA, Arturo (Hrsg.): *Mexiko. Die Institutionalisierte Revolution?* Bad Honnef, Horelmann Verlag, 1993, S. 207-225

[Klaveren 1957] KLAVEREN, Jakob van: *Die historische Erscheinung der Korruption, in ihrem Zusammenhang mit der Staats- und Gesellschaftsstruktur betrachtet*. In: SCHULZ, Günther (Hrsg.); BUCHHEIM, Christoph(Hrsg.): *Vierteljahresschrift für Sozial- und Wirtschaftsgeschichte*. Bd. 44, Bonn, Franz Steiner Verlag, 1957, S. 289-324

[Klitgaard 1988] KLITGAARD, Robert: *Controlling Corruption*. Los Angeles, University of California Press, 1988

[Kühlmann 2005] KÜHLMANN, Torsten M. (Hrsg.); LAMPING, Daniel: *Wirtschaftspartner Mexiko. Ökonomische und kulturelle Grundlagen für eine Geschäftstätigkeit in Mexiko*. Wiesbaden, Deutsche Universitäts-Verlag, 2005

[Lafourcade 2001] LAFOURCADE, Olivier; NGUYEN, Vinh. H.; GIUGALE, M. Marcelo (Hrsg.): *Mexico. A Comprehensive Development Agenda for the New Era, Directions in Development.* Washington D.C., World Bank, 2001

[Land 2002] LAND, Miriam: *Gewalt und Geschlecht in Mexiko.* Berlin-Hamburg-Münster, Lit-Verlag, 2002

[Langenscheidt 2001] (Hrsg.): *Großwörterbuch Latein.* München, Langenscheidt, 2001

[Lambsdorff 2005] LAMBSDORFF, Johann Graf; WIRTSCHAFTSWISS. FAK. UNIV. PASSAU (Hrsg.): *Consequences and Causes of Corruption. What do we know from a Cross-Section of Countries?* Passau, Wirtschaftswiss. Fak. Univ. Passau, 2005

[Lambsdorff 2009] LAMBSDORFF, Johann Graf; Beck, Lotte: *Korruption als Wachstumsbremse.* In: DAS PARLAMENT (Hrsg.): *Aus der Politik der Zeitgeschichte.* Nr. 3, Berlin, Bundeszentrale für politische Bildung, 2009, S. 19-25

[Lomnitz 1997] LOMNITZ, Larissa; GORBACH, Frieder: *Zwischen Kontinuität und Wechsel. Das Ritual der Präsidentennachfolge in Mexiko.* In: BRAIG, Marianne (Hrsg.): FERDINAND, Ursula (Hrsg.); ZAPATA, Martha (Hrsg.): *Begegnungen und Einmischungen.* Stuttgart, Akademischer Verlag Stuttgart, 1997, S. 349-371

[Madrid 2007] MADRID, de la Ricardo Raphael: *Los socios de Elba Esther.* Mexico D.F., Planeta, 2007

[Manioin 2004] MANION, Melanie: *Corruption by Design: Building Clean Governments in Mainland China and Hong Kong.* Cambridge, MA:Harvard University Press, 2004

[Martinez 2008] MARTÍNEZ, Murit: *Maestros reprobados y de „panzazo".* 2008, URL http://www.eluniversal.com.mx/nacion/158519.html (Zugriff: 03.10.2008)

[Mauro 1998] MAURO, Paolo: *Corruption and the Composition of Government Expenditure.* Journal of Public Economics, Bd. 69, Amsterdam, North-Holland Pub. Co, 1998, S. 263–279

[Mayer-Kuckuck 2007] MAYER-KUCKUCK, Finn: *Bestechung mit System.* 2007, URL http://www.handelsblatt.com/unternehmen/industrie/bestechung-mit-system;1349471 (Zugriff: 2.08.2008)

[Meier 2005] MEIER, Bettina; GRIFFIN, Michel: *Mexico, The price of a place in School.* In: TRANSPARENCY INTERNATIONAL (Hrsg.): *Stealing the Future, Corruption in the Classroom.* Berlin, Ten Real World Experience, 2005

[**Mols 1993**] MOLS, Manfred: *Mexikos veränderte Außenpolitik. Elemente der Systemöffnung.* In: *Mexiko. Die institutionalisierte Revolution?* Horlemann Verlag, Bad Honnef, 1993, S.145-163

[**Montas 2003**] MONTAS, Michele: *Statement on the adoption by the General Assembly of the United Nations Convention against Corruption.* New York, United Nations, 2003. URL http://www.un.org/apps/sg/sgstats.asp?nid=602 (Zugriff: 27.09.2008)

[**Morlok 2005**] MORLOK, Martin: *Politische Korruption als Entdifferenzierungsphänomen.* In: VON ALEMANN, Urlich (Hrsg.): *Dimensionen politischer Korruption, Beiträge zum Stand der internationalen Forschung,* 1. Aufl. Wiesbaden, VS Verlag für Sozialwissenschaften, 2005, S. 135-152

[**Moroff 2005**] MOROFF, Holger: *Internationalisierung und Anti-Korruptionsregimen.* In: VON ALEMANN, Ulrich: *Dimensionen politischer Korruption.* Wiesbaden, VS-Verlag für Sozialwissenschaften, 2005, S. 448-477

[**Morris 1991**] MORRIS, Stephen D.: *Corruption and Politics in contemporary Mexico.* Tuscaloosa, University Alabama Press, 1991

[**Muñoz 2008**] MUÑOZ, Alma E.: *Transparencia Mexicana vigilará la alianza por la calidad educativa.* 2008, URL http://www.jornada.unam.mx/2008/06/10/index.php?section=sociedad&article=043n1soc (Zugriff: 3.12.2008)

[**Nagel 2007**] NAGEL, Simone: *Entwicklung und Effektivität internationaler Maßnahmen zur Korruptionsbekämpfung.* 1. Aufl. Baden-Baden, Nomos, 2007

[**Neckel 1986**] NECKEL, Sighard: *Das Stellhölzchen der Macht. Zur Soziologie des politischen Skandals.* In: BERLINER ZEITSCHRIFT FÜR SOZIALWISSENSCHAFT (Hrsg.): *Leviathan.* Jg.14, Nr. 4, 1986, S. 581-605

[**Nelson 2000**] NELSON, Arteaga Botello; RIVERA, Adrian López: *Everything in This Job is Money: Inside the Mexican Police.* In: WORLD POLICY INSTITUTE (Hrsg.): *World Policy Journal.* Bd. 17, Nr. 3, New York, MIT Press Journals, 2000, S. 61-70

[**Neves 2008**] NEVES, Pedro: *Über die politische und wirtschaftliche Lage Mexikos und seine Beziehungen zur Europäischen Union.* Brüssel, Europäisches Parlament, 2008

[**Noak 1985**] NOAK, Paul: *Korruption: die andere Seite der Macht.* München, Knaur, 1985

[Nye 1967] NYE, Joseph S.: *Corruption and Political Development. A Cost-Benefit Analysis.* In: THE AMERICAN POLITICAL SCIENCE ASSOCIATION (APSA) (Hrsg.): *American Political science Review.* Bd. 61, Nr. 2, Los Angeles, 1967, S. 417-427

[OECD 2008] ORGANISATION FOR ECONOMIC CO-OPERATION AND DEVELOPMENT (OECD): *Education at a Glance 2008. OECD Indicators.* 2008, URL http://www.oecd.org/dataoecd/23/46/41284038.pdf (Zugriff: 25.11.2008)

[OECD 2006] ORGANISATION FOR ECONOMIC CO-OPERATION AND DEVELOPMENT (OECD): *Education at a Glance 2006: OECD Briefing Note for Mexico.* 2006, URL http://www.oecd.org/dataoecd/51/22/37392816.pdf (Zugriff: 23.08.2008)

[OECD 2004] ORGANISATION FOR ECONOMIC CO-OPERATION AND DEVELOPMENT (OECD): *Report on the application of the convention on combating bribery of foreign public officials in international business transactions and the 1997 recommendation on combating bribery in international business transactions.* 2004, URL http://www.oecd.org/dataoecd/53/31/33746033.pdf (Zugriff: 19.12.2008)

[OECD 2000] ORGANISATION FOR ECONOMIC CO-OPERATION AND DEVELOPMENT (OECD): *Ratification of the Convention on the OECD.* 2000, URL http://www.oecd.org/document/58/0,3343,en_2649_201185_1889402_1_1_1_1,00.html (Zugriff: 20.08.2008)

[OECD 1997] ORGANISATION FOR ECONOMIC CO-OPERATION AND DEVELOPMENT (OECD): *OECD Convention on Combating Bribery of Foreign Public Officials in International Business Transactions.* 1997, URL http://www.oecd.org/document/21/0,3343,en_2649_34859_2017813_1_1_1_1,00.html (Zugriff: 23.11.2008)

[OECD 1998] ORGANISATION FOR ECONOMIC CO-OPERATION AND DEVELOPMENT (OECD): *Convention on combating bribery of foreign public officials in international business transactions.* 1998, URL http://www.oecd.org/dataoecd/4/18/38028044.pdf (Zugriff: 20.08.2008)

[Pieth 1999] PIETH, Mark; EIGEN, Peter (Hrsg.): *Korruption in internationalem Geschäftsverkehr. Bestandsaufnahme, Bekämpfung, Prävention.* Luchterhand, Neuwied, 1999

[Pries 2006-1] PRIES, Frank: *Mexikos Wahlgericht. Keine vollständige Neuauszählung.* In: KONRAD-ADENAUER-STIFTUNG (Hrsg.): *Länderbericht.* 2006, URL http://www.kas.de/proj/home/pub/57/1/year-2006/dokument_id-8928/index.html (Zugriff: 24.11.2008)

[Pries 2006-2] PRIES, Frank: *Ein gespaltetes Mexiko wählt Kontinuität: Knappe Mehrheit für Felipe Calerón.*. In: KONRAD-ADENAUER-STIFTUNG (Hrsg.): *Auslandsinformation.* 2006, URL http://www.kas.de/ proj/home/pub/57/1/year-2006/dokument_id-8928/index.html (Zugriff: 25.11.2008)

[Pries 2008-1] PRIES, Frank: Mexiko: *Politikpanorama 2008.* In: KONRAD-ADENAUER-STIFTUNG (Hrsg.): *Länderbericht.* 2008, URL http://kasmex.org.mx/Mexico/Mexiko_Lagebericht.pdf (Zugriff 24.09.2008)

[Pries 2008-2] PRIES, Frank: *Sicherheit, Wirtschaft, Bildung – Prioritäten in Calderóns Bericht.* In: KONRAD-ADENAUER-STIFTUNG (Hrsg.): *Länderbericht.* 2008, URL http://www.kas.de/wf/doc/kas_14527-544-1-30.pdf (Zugriff: 11.12.2008)

[Pritzl 1997] PRITZL, Rupert F.J.: *Korruption und Rent-Seeking in Lateinamerika.* Baden Baden, VS Verlag für Sozialwissenschaften, 1997

[Quezada 2006] QUEZADA, Sergio Aguayo; HEINRICH BÖLL STIFTUNG (Hrsg.): *Wahlen in Mexiko 2006. Wahlbetrug in Mexiko?* 2006, URL http://www.boell.de/alt/de/05_world/4466.html (Zugriff: 03.01.2009)

[Rabl 2009] RABL, Tanja: *Der korrupte Akteur.* In: DAS PARLAMENT (Hrsg.): *Aus der Politik der Zeitgeschichte.* Nr. 3, Berlin, Bundeszentrale für politische Bildung, 2009, S. 26-32

[Ramírez 2007] RAMÍREZ, Mariana Viayra: *Convoca Vázquez Mota a decir adiós a las trampas.* 2007, URL http://www.cronica.com.mx/nota.php?id_nota=318875 (Zugriff: 12.11.2008)

[Reichenbach 2006] REICHENBACH, Benjamin: *Per Gerichtsentscheid ins Präsidentenamt. Mexiko nach den Wahlen.* 2006, http://www.politlounge.de/essays/gerichtsentscheid_praesident.pdf Letzter Zugriff am 4.1.2009.

[Richter 2003] RICHTER, Rudolf; Furubotn, Eirik G.: *Neue Institutionenökonomik. Eine Einführung und kritische Würdigung.* 3. Auflage, Tübingen, Mohr Siebeck, 2003

[Ruhl 2000] RUHL, Klaus-Jörg; GARCÍA, Laura Ibarra: *Kleine Geschichte Mexikos. Von der Frühzeit bis zur Gegenwart.* München, Becksche Reihe, 2000

[Salbu 1997] SALBU, Steven R.: *Bribery in the Global Market: A critical Analysis of the Foreign Corrupt Practices Act.* Bd. 54, Washington, Washington and Lee Law Review, 1997, S. 229-287

[San Pedro 2008] SAN PEDRO, Emilio: *Mexico´s Interpol Chief is arrested*. 2008, URL http://news.bbc.co.uk/2/hi/americas/7736826.stm (Zugriff: 22.11.2008)

[Santibenez 2005] SANTIBENEZ, Lucrecia; VARNEZ, Georges; PAULA, Razquin: *Education in Mexico. Challenges and Opportunities*. In: RAND CORPORATION (Hrsg.): *Documented Briefing*. Pittsburgh, RAND Corporation, 2005

[Schick 1981] SCHICK, Peter J.: *Die Korruption im Spiegel des Strafrechts*. In: BRÜNNER, Christian: *Korruption und Kontrolle*. Wien/Köln/Graz, Boehlau Verlag, 1981, S. 573-592

[Schnell 2005] SCHNELL, Rainer; HILL, Paul B.; ESSER, Elke: *Methoden der empirischen Sozialforschung*. 7. Auflage, München, Wien, R. Oldenbourg Verlag, 2005

[SEC 2008] UNITED STATES SECURITIES AND EXCHANGE COMMISSION (SEC): *How the SEC Protects Investors, Maintains Market Integrity, and Facilitates Capital Formation*. 2008, URL http://www.sec.gov/about/whatwedo.shtml (Zugriff: 07.10.2008)

[Senturia 1931] SENTURIA, Joseph J.: *Political Corruption*. In: SELIGMAN, Edwin R.A. (Hrsg.): *Encyclopedia of the social sciences*. New York, Macmillan Pub Co, 1931, S. 448-452

[SEP 2008] SECRETARÍA EDUCACIÓN PÚBLICA (SEP): *Evalúa Transparencia Mexicana el proceso de selección de directores por concurso de oposición, Boletín 214*. Mexico D.F., 2008, URL http://www.sep.gob.mx/wb/sep1/bol2140708 (Zugriff: 08.11.2008)

[SFP 2008] SECRETARÍA DE LA FUNCIÓN PÚBLICA (SFP); ORGANIZATION FOR ECONOMIC CO-OPERATION AND DEVELOPMENT (OECD): *Reports on Anti-Bribery Convention*. Mexico D.F., 2008, URL http://200.34.175.29:8080/wb3/work/sites/SFP/resources/LocalContent/897/2/triptico_convencion_ocde_ingles_07.pdf (Zugriff: 13.12.2008)

[SFP 2006] SECRETARÍA DE LA FUNCIÓN PÚBLICA: *Adíos a las Trampas*. 2006, URL http://www.funcionpublica.gob.mx/micrositios/adiostrampas2006/convocatoria2006.pdf (Zugriff: 08.11.2008)

[SFP 2004] SECRETARÍA DE LA FUNCIÓN PÚBLICA: *Adíos a las Trampas*. 2004, URL http://www.funcionpublica.gob.mx/micrositios/adiostrampas2004/ (Zugriff: 07.11.2008)

[Shapiro 2004] SHAPIRO, Joseph; MORENO-TREVINO, Jorege: *Compensatory Education for Disadvantaged Mexican Students; An Impact evaluation using propensity score matching*. In: WORLD BANK: *World Bank*

Policy Research Working Paper Nr. 3334. Washington D.C., 2004, URL http://www-wds.worldbank.org/servlet/WDSContentServer/ WDSP/IB/2004/08/02/000160016_20040802152704/Rendered/PDF/WPS3334.pdf (Zugriff: 16.12.2008)

[Soto 2001] SOTO, Gustavo Castro: *The World Bank in Mexico. Bericht Nr. 236*. San Cristobal de las Casas, CIEPAC, A.C., 2001

[Spinellis 1996] SPINELLIS, Dionysios: *The Phenomenon of Corruption and the Challenge of Good Government*. In: ORGANIZATION FOR ECONOMIC CO-OPERATION AND DEVELOPMENT (OECD): *OECD Symposium on Corruption and Good Governance. OECD Working Papers No. 78*. Paris, 1996, S. 19–34

[Stausberg 2008] STAUSBERG, Hildegard: *Mexiko plündert seinen Ölschatz*. 2008, URL http://www.welt.de/welt_print/article1820137/Mexiko_pluendert_seinen_Oelschatz.html (Zugriff: 30.11.2008)

[Sturm 2003] STURM, Roland: *Theoretische und methodische Ansätze der Korruptionsforschung*. In: KURER, Oskar (Hrsg.): *Korruption und Governance aus interdisziplinärer Sicht*. Neustadt an der Aisch, Verlag Degner & Co., 2003, S. 53-64

[Stüwe 2008] STÜWE, Klaus; RINKE, Stefan (Hrsg): *Die politischen Systeme in Nord- und Lateinamerika. Eine Einführung*. 1. Aufl., Wiesbaden, VS Verlag für Sozialwissenschaften, 2008, S. 7-58

[Tanaka 2001] TANAKA, Shinichiro: *Corruption in education sector development: a suggestion for anticipatory strategy*. In: The International Journal of Educational Management. (2001), Bd.15, Nr.4, S. 158-166

[Televisa 2008] TELEVISA MEXICO (Hrsg.): *Calderón: En la educación está el futuro de México*. 2008 URL http://www2.esmas.com/noticierostelevisa/mexico/009225/calderon-en-educacion-esta-futuro-mexico (Zugriff: 20.01.2009)

[TI 2008-1] TRANSPARENCY INTERNATIONAL (Hrsg.): *Corruption Perception Index.*. 2008, URL http://www.transparency.de/Tabellarisches-Ranking.1237.0.html (Zugriff: 17.11.2008)

[TI 2008-2] TRANSPARENCY INTERNATIONAL (Hrsg.): *Bribe Payer Survey 2008*. 2008, URL http://www.transparency.de/2-1-The-BPI-2008-Results.1290.0.html (Zugriff: 17.11.2008)

[TI 2007] TRANSPARENCY INTERNATIONAL (Hrsg.): *Informe Global de la Corrupción 2007: Corrupción en sistemas judiciales*. Editores del Puerto, Cambridge University Press, 2007

[TI 2005-1] TRANSPARENCY INTERNATIONAL (Hrsg.): *Anti-corruption education and corruption in the education sector*. 2005, URL http://www.transparency.org/global_priorities/other_thematic_issues/education (Zugriff: 03.12.2008)

[TI 2005-2] TRANSPARENCY INTERNATIONAL (Hrsg.): *Corruption Perception Index*. 2005, URL http://www.transparency.de/Corruption-Perceptions-Index-2.810.0.html (Zugriff: 01.12.2008)

[TI 2004] TRANSPARENCY INTERNATIONAL: *Vote Buying. In Global Corruption Report Chapter 5*. 2004, URL www.transparency.org/content/download/4420/26671/file/07_Vote_buying.pdf

[TM 2006-1] TRANSPARENCIA MEXICANA (Hrsg.): *Índice Nacional de Corrupción y buen gobierno. Resultados, 2001, 2003, 2005*. Mexiko, Transparencia Mexicana, 2006

[TM 2006-2] TRANSPARENCIA Mexicana (Hrsg.): *Informe de Actividades*. 2006, URL http://www.transparencia mexicana.org.mx/documentos/rendicion_cuentas/InformeTM2006.pdf (Zugriff: 15.11.2008)

[Treisman 2000] TREISMAN, DANIEL: *The Causes of Corruption: A Cross-National Study*. In: *Journal of Public Economics*, (2000), Bd.76, Nr. 3, Amsterdam, North-Holland Pub. Co., S. 399–457

[Unicef 2005] UNICEF: *At a Glance 2005*. 2005, URL http://www.unicef.org/infobycountry/mexico_30660.html (Zugriff: 01.01.2009)

[Univision 2008] UNIVISION.COM: AFP ASSOCIATION OF FUNDRAISING PROFESIONALS: *Tropiezos en lucha anticrimen en México: Calderón admitió corrupción political*. 2008, URL http://www.univision.com/content/content.jhtml;jsessionid=ZOROCN3WJ5IF0CWIAA NSFFAKZAABUIWC?chid=3&schid=12199&secid=0&cid=1760726#p

[Vahlenkamp 1995] VAHLENKAMP, Werner; KNAUß, Ina: Korruption. *Hinnehmen oder Handeln?* In: BUNDESKRIMINALAMT WIESBADEN: *BKA-Forschungsreihe*. Bd. 33, Wiesbaden, Vahlenkamp, 1995

[Valdés 2005] VALDÉS, Ernesto Garzón: *Zur moralischen Bewertung von Korruption: Ein Vorschlag.* In: ALEMANN, Urlich von: *Dimensionen politischer Korruption: Beiträge zum Stand der internationalen Forschung.* Wiesbaden, VS Verlag für Sozialwissenschaften, 2005, S. 155-163

[WB 2008] WORLD BANK: *Education Lending in Financial Year 2008.* 2008, URL http://web.worldbank.org/WBSITE/EXTERNAL/TOPICS/EXTEDUCATION/0,,contentMDK:21510149~menuPK:489657~pagePK:210058~piPK:210062~theSitePK:282386,00.html (Zugriff: 24.11.2008)

[WB 2007] WORLD BANK: *Basic Education Development Phase III.* In: WORLD BANK: *World Bank Report Nr. 776, Implementation completion and results report on a loan for the basic education development project.* 2007, URL http://www-wds.worldbank.org/external/default/WDSContentServer/WDSP/IB/2008/08/05/000333037_20080805002542/Rendered/PDF/ICR00007760ICR1Disclosed0Aug0102008.pdf (Zugriff: 29.10.2008)

[WB 2004] WORLD BANK: *Mexico Country Assistance Strategy (CAS).* 2004, URL http://web.worldbank.org/WBSITE/EXTERNAL/COUNTRIES/LACEXT/MEXICOEXTN/0,,contentMDK:20185321~menuPK:421528~pagePK:1497618~piPK:217854~theSitePK:338397,00.html (Zugriff: 04.11.2008)

[WB 1997] WORLD BANK: *Helping countries combat corruption. The role of the World Bank.* 1997, URL http://www1.worldbank.org/publicsector/anticorrupt/corruptn/corrptn.pdf (Zugriff 06.10.2008)

[WB 1995-1] WORLD BANK: Guidelines: *Procurement under IBRD Loans and IDA Credits, Washington D.C..* 1995, URL http://siteresources.worldbank.org/INTPROCUREMENT/Resources/Procurement-Guidelines-November-2003.pdf (Zugriff: 06.10.2008)

[WB 1995-2] WORLD BANK: *Guidelines; Procurement under IBRD Loans and IDA Credits1995.* In: EIGEN, Peter: *Korruption in internationalem Geschäftsverkehr. Bestandsaufnahme, Bekämpfung, Prävention.* Neuwied, Luchterhand, 1999

[WSJ 2006] WALL STREET JOURNAL (Hrsg.): *Recruiter's Scorecard, Harris Interactive Survey of corporate recruiters on business schools.* 2006, URL http://online.wsj.com/public/resources/documents/MB_06_Scoreboard.pdf (Zugriff: 20.12.2008)

[Zimmerling 2005] ZIMMERLING, Ruth: *Politische Korruption. Begrifflich-Theoretische Einordnung.* In: ALEMANN, Urlich von (Hrsg.): *Dimensionen politischer Korruption.* Wiesbaden, VS Verlag für Sozialwissenschaften, 2005, S. 77-89

GESETZTEXTE

Constitución Política de los Estados Unidos Mexicanos (v. 05.02.1917, zul. geänd. 26.09.2008)

Ley General de Educación (v. 13.07.1993, zul geänd. 15.07.2008)

Ley Federal de Transparencia y Acceso a la Información Pública Gubernamental (v. 11.06.2002, zul. geänd. 06.06.2006)

StGB (v. 15.05.1871, zul geänd. 31.10.2008)

Anlagen

Anlage 1   Fragebogen zur Befragung im November 2008 Entwurf (Sprache Deutsch)

Anlage 2   Fragebogen zur Befragung im November 2008 (Sprache Spanisch)

UNIVERSITÄT LEIPZIG

Sehr geehrte Damen und Herren.

Ich möchte Sie um zehn Minuten Ihrer Zeit bitten. Bitte füllen Sie den vorliegenden Fragebogen aus. Dieser Fragebogen wurde im Rahmen einer Studie an der Universität Leipzig in Deutschland entwickelt. Die Ergebnisse werden ausschließlich für wissenschaftliche Zwecke verwendet. Mit der Hilfe Ihrer Antworten möchte ich ein immer wichtiger werdendes Thema, die Korruption, erforschen. Ihre Antworten tragen dazu bei, meine wissenschaftliche Arbeit mit empirischen Befunden zu unterstützen und der Ursachen des Phänomens näher zu kommen.

Die von Ihnen angegebenen Daten werden natürlich vertraulich behandelt und nicht an Dritte weitergegeben.

Bitte lesen Sie die Fragen sorgfältig durch und beantworten Sie die Fragen nach Ihrem besten Wissen.

Vielen Dank für Ihre Unterstützung!

Eszter Csepe
Studentin der Universität Leipzig

Universität Leipzig   Eszter Csépe

Demographische Angaben
Bitte beantworten Sie die folgenden Fragen zu Ihrer Person.

1. Sie sind
Bitte kreuzen Sie die zutreffende Antwort an!

☐ männlich   ☐ weiblich

2. Wie viele Personen leben in Ihrem Haushalt, Sie inbegriffen?
Bitte kreuzen Sie die Zahl der Familienangehörigen in ihrem Haushalt an und benennen Sie diese nach ihrer Zugehörigkeit (z.B. Vater, Mutter, Großvater, Großmutter, Onkel, Tante, sonstige).

☐ Ich lebe allein.
☐ Zwei _____ *(Angehörigen bitte hier eintragen)*
☐ Drei _____ *(Angehörigen bitte hier eintragen)*
☐ Vier _____ *(Angehörigen bitte hier eintragen)*
☐ Fünf _____ *(Angehörigen bitte hier eintragen)*
☐ Mehrere Personen _____
_____ *(Angehörigen bitte hier eintragen)*

3. Bitte nennen Sie Ihren Familienstand.
Bitte kreuzen Sie die zutreffende Antwort an!

☐ Ich bin ledig   ☐ Ich bin verheiratet
☐ Ich lebe in einer Lebensgemeinschaft   ☐ Ich lebe getrennt
☐ Ich bin geschieden   ☐ Ich bin verwitwet

4. Bitte nennen Sie Ihr Alter.
Bitte kreuzen Sie die zutreffende Antwort an!

☐ unter 18   ☐ 18-28
☐ 29-39   ☐ 40-50
☐ 51-60   ☐ über 60

5. Welcher ist Ihr letzter Bildungsabschluss?
Bitte kreuzen Sie die zutreffende Antwort an!

☐ Ich habe keinen Schulabschluss/Ich ging nicht zur Schule
☐ Ich war in der Vorschule
☐ Ich habe einen primären Abschluss
☐ Ich habe einen sekundären Abschluss
☐ Ich habe einen Berufsschulabschluss
☐ Ich habe einen universitären Abschluss
☐ Ich habe einen postgraduierten Abschluss

→ bitte weiterblättern

Universität Leipzig   Eszter Csépe

6. Bitte nennen Sie Ihre aktuelle berufliche Beschäftigung.
Bitte kreuzen Sie die zutreffende Antwort an!

☐ ich bin berufstätig   → *Bitte machen Sie mit der Frage 7 weiter!*
☐ ich bin arbeitslos
☐ ich arbeite im Haushalt
☐ ich bin Student   *Bitte machen Sie mit der*
☐ ich bin Schüler   *Frage 11 weiter!*
☐ ich bin aus gesundheitlichen Gründen Arbeitsunfähig
☐ ich bin Rentner

7. Welche Berufstätigkeit üben Sie aus?
Bitte kreuzen Sie die zutreffende Antwort an!

☐ Ich bin Beamter/Beamtin   ☐ Ich bin Angestellte
☐ Ich bin Arbeiter/Arbeiterin   ☐ Ich bin selbständig

8. Welche Position nehmen Sie in Ihrem Arbeitsumfeld ein?
Bitte kreuzen Sie die zutreffende Antwort an!

☐ ausführend auf der unteren Ebene der Hierarchie
☐ leitend auf der mittleren Ebene der Hierarchie
☐ führend auf der oberen Ebene der Hierarchie

9. In welchem Berufssektor sind Sie tätig?
Bitte kreuzen Sie die zutreffende Antwort an und ergänzen Sie Ihre Aussage mit Ihrer Berufsbezeichnung!

☐ ich bin im Privatsektor tätig als _____ *(bitte den Beruf hier eintragen!)*
☐ ich bin im öffentlichen Sektor tätig als _____ *(bitte den Beruf hier eintragen!)*
☐ ich bin in informellen Sektor tätig als _____ *(bitte den Beruf hier eintragen!)*

10. Sind Sie Ihrer Meinung nach entsprechend Ihrer Qualifikation beruflich beschäftigt?
Bitte kreuzen Sie die zutreffende Antwort an!

☐ Meine berufliche Ausbildung weicht von meinem aktuellen Job ab und ich bin für meinen aktuellen Job **überqualifiziert.**
☐ Meine berufliche Ausbildung weicht von meinem aktuellen Job ab und ich bin für meinen aktuellen Job **unterqualifiziert.**
☐ Ich bin meiner Qualifikation entsprechend beschäftigt.

Universität Leipzig   Eszter Csépe

11. Sind Sie mit ihrer Arbeit…
Bitte kreuzen Sie die zutreffende Antwort an!

☐ sehr zufrieden   ☐ zufrieden   ☐ nicht zufrieden

12. Wie viel Geld steht Ihnen im Monat zur Verfügung?
Bitte kreuzen Sie die zutreffende Antwort an!

☐ 1-100 EUR   ☐ 101 – 200 EUR   ☐ 201- 300 EUR
☐ 301-400 EUR   ☐ 401 – 500 EUR   ☐ mehr als 500 EUR

13. Das Ihnen im Monat zur Verfügung stehende Geld ist…
Bitte kreuzen Sie die zutreffende Antwort an!

☐ viel   ☐ ausreichend   ☐ wenig

Bitte teilen Sie mir Ihre Lebensgewohnheiten mit.

14. Wie informieren Sie sich über aktuelle Nachrichten?
Bitte kreuzen Sie die zutreffende(n) Antwort(en) an und ergänzen Sie Ihre Aussage mit dem entsprechenden Medium. Mehrfachnennungen sind möglich!

14a) Ich lese…
☐ …Tageszeitung   _____ *(Bitte den Name der Tageszeitung eintragen!)*
☐ …Wochenzeitung   _____ *(Bitte den Name der Wochenzeitung eintragen!)*
☐ …Zeitschrift   _____ *(Bitte den Name der Zeitschrift eintragen!)*
☐ …Magazin   _____ *(Bitte den Name des Magazins eintragen!)*
☐ …Ich lese kein Periodikum.

14b) Ich schaue im Fernsehen…
☐ …Nachrichten   _____ *(Bitte den Name des Fernesehsenders eintragen!)*
☐ …Reportagen   _____ *(Bitte den Name des Fernesehsenders eintragen!)*
☐ …Diskussionsbeiträge _____ *(Bitte den Name des Fernesehsenders eintragen!)*
☐ …Talkshows   _____ *(Bitte den Name des Fernesehsenders eintragen!)*
☐ …Ich schaue kein Fern.

14c) Ich höre im Radio…
☐ …Nachrichten   _____ *(Bitte den Name des Radiosenders eintragen!)*
☐ …Reportagen   _____ *(Bitte den Name des Radiosenders eintragen!)*
☐ …Diskussionsbeiträge _____ *(Bitte den Name des Radiosenders eintragen!)*
☐ …Talkshows   _____ *(Bitte den Name des Radiosenders eintragen!)*
☐ …Ich höre kein Radio.

14d) Ich surfe im Internet
☐ oft   ☐ gelegentlich   ☐ nie

Universität Leipzig   Eszter Csépe

15. Bitte nennen Sie die vier wichtigsten Themen, für welche Sie sich am meisten interessieren.
Bitte kreuzen Sie die vier zutreffenden Antworten an!

- ☐ Politik
- ☐ Gesundheit
- ☐ Kultur
- ☐ Menschen
- ☐ Wirtschaft
- ☐ Wissenschaft
- ☐ Bildung
- ☐ Fremde Länder
- ☐ Forschung
- ☐ Sport
- ☐ Reisen
- ☐ Unterhaltung

<u>**Nachrichten über nicht erlaubte Zahlungen sind aktuell in den Medien. Jetzt ist Ihre Meinung gefragt. Teilen Sie uns mit, was Sie über solche Zahlungen denken.**</u>

16. Für welche der folgenden Leistungen finden Sie persönlich als gerechtfertigt zu zahlen?
Bitte wählen Sie zu jeder Aussage die passenden Antworten aus und kennzeichnen diese jeweils mit einem Kreuz!

	Gerechtfertigt	Nicht gerechtfertigt
a) einem Beamten Geld zu geben, damit er Angelegenheiten schneller bearbeitet werden	☐	☐
b) einem Beamten Geld zu geben, damit er einen Lizenz oder ein Erlaubnis ausstellt	☐	☐
c) einem Polizisten Geld zu geben, um eine Strafe zu umgehen	☐	☐
d) einem Polizisten Geld zu geben, damit er eine Anzeige fallen lässt	☐	☐
e) einem Parkwächter Geld zu geben, damit er einen Wagen vor Vandalismus bewacht	☐	☐
f) einem Lehrer Geld zu geben, damit er einem Kind eine bessere Note gibt	☐	☐
g) einen Schulabschluss zu kaufen	☐	☐
h) einem Arzt Geld zu geben, damit er einen Patienten behandelt	☐	☐

→ bitte weiterblättern

Universität Leipzig   Eszter Csépe

17. Haben Sie oder jemand aus Ihrer Familie in den vergangenen zwölf Monaten für die folgenden Leistungen bezahlt?

Bitte wählen Sie zu jeder Aussage die passenden Antworten aus und kennzeichnen diese jeweils mit einem Kreuz!

	Ja	Nein
a) Ich habe einem Beamten Geld gegeben, damit er meine Angelegenheiten schneller bearbeitet.	☐	☐
b) Ich habe einem Beamten Geld gegeben, damit er mir einen Lizenz oder ein Erlaubnis ausstellt.	☐	☐
c) Ich habe einem Polizisten Geld gegeben, um eine Strafe zu umgehen.	☐	☐
d) Ich habe einem Polizisten Geld gegeben, damit er eine Anzeige gegen mich fallen lässt.	☐	☐
e) Ich habe einem Parkwächter Geld gegeben, damit er meinen Wagen vor Vandalismus bewacht.	☐	☐
f) Ich habe einem Lehrer Geld gegeben, damit er meinem Kind eine bessere Note gibt.	☐	☐
g) Ich habe mir einen Schulabschluss gekauft.	☐	☐
h) Ich habe einem Arzt Geld gegeben, damit er mich behandelt.	☐	☐

18. Welche der folgenden Leistungen empfinden Sie als gerechtfertigt?

Bitte wählen Sie zu jeder Aussage die passenden Antworten aus und kennzeichnen diese jeweils mit einem Kreuz!

	Gerechtfertigt	Nicht gerechtfertigt
a) Amtsträger, Geschäftsleute zum Abendessen einzuladen, ist…	☐	☐
b) Amtsträger, Geschäftleute zum Kaffee einzuladen, ist…	☐	☐
c) Amtsträger, Geschäftsleute einen Urlaub zu schenken, ist…	☐	☐
d) Amtsträger, Geschäftsleute Vergünstigungen im Sportverein zu geben, ist…	☐	☐
e) Amtsträger, Geschäftsleute Vergünstigungen in der Unterhaltungsbranche (z.B. Theaterkarten, Konzertkarten oder ähnliches) zu geben, ist …	☐	☐
f) Amtsträger, Geschäftleute Vergünstigungen bei einem Fahrzeug- oder Wohnungskauf zu geben, ist…	☐	☐
g) Einen Beamten ein kleines Geschenk (z.B. Blume oder Schokolade) zu geben, ist …	☐	☐
h) Verwandte mit geeigneter Qualifizierung bevorzugt für einen Job einzustellen ist…	☐	☐
i) Verwandte mit fehlender Qualifizierung bevorzugt für einen Job einzustellen ist…	☐	☐

Universität Leipzig   Eszter Csépe

19. Ihrer Meinung nach, warum gibt es Korruption?
Bitte kreuzen Sie die zutreffende(n) Antwort(en) an! Mehrfachnennungen sind möglich!

Korruption gibt es, weil…
☐ …Politiker und Funktionäre korrupt sind.
☐ …die Bevölkerung korrupt ist.
☐ …Korruption nicht bestraft wird.
☐ …niemand genau weiß, was Korruption ist.
☐ …niemand genau weiß, wo die Grenzen der Korruption liegen.
☐ …Korruption in der mexikanischen Gesellschaft schon immer gab.
☐ …jeder davon einen persönlichen Vorteil hat.
☐ …man dadurch zusätzliches Geld verdient.
☐ …sonstiges _____
_____
_____ *(Bitte sonstige Gründe hier eintragen!)*

20. Aus welchen Gründen sind Menschen korrupt?
Bitte kreuzen Sie die zutreffende Antwort an!

☐ aus Not   ☐ aus Angewohnheit
☐ aus Ambition   ☐ aus Ungewissheit
☐ aus Angst   ☐ um anderen Menschen zu schaden

21. Wie viel Korruption glauben Sie in…
Bitte wählen Sie zu jeder Aussage die passenden Antworten aus und kennzeichnen diese jeweils mit einem Kreuz!

	Viel	*Wenig*	*Keine*
… der Regierung	☐	☐	☐
… dem juristischen System	☐	☐	☐
… den Großunternehmen	☐	☐	☐
… den Gewerkschaften	☐	☐	☐
… den Gefängnissen	☐	☐	☐
… zwischen den Staatsbürger	☐	☐	☐
… religiösen Institutionen	☐	☐	☐
… in den Medien	☐	☐	☐
… in den Schulen	☐	☐	☐
… an den Universitäten	☐	☐	☐

→ bitte weiterblättern

Universität Leipzig   Eszter Csépe

22. Wählen Sie die <u>vier</u> wichtigsten Aussagen aus, die Ihrer Meinung nach helfen, Korruption zu bekämpfen.
Bitte kreuzen Sie die <u>vier</u> zutreffenden Antworten an!

- ☐ Jeder Mensch muss schreiben und lesen können, damit er sich besser informieren kann und so sich nicht falsch beeinflussen lässt.
- ☐ In der Schule soll das Thema Korruption gründlich behandelt werden und die Kinder müssen schon früh über Korruption aufgeklärt werden.
- ☐ Die vorhandene Gesetzte müssen geändert werden.
- ☐ Es müssen strengere Strafen für korrupte Menschen geben.
- ☐ Es muss einfach das Schmiergeld verweigert werden.
- ☐ Korrupte Menschen müssen aus ihrem Amt ausgewechselt werden.
- ☐ Es müssen massive Aufklärungskampagne realisiert werden.
- ☐ Die Ehrlichkeit der Beamten muss belohnt werden.
- ☐ Sonstiges _____

_____

_____(Bitte sonstige Vorschläge hier eintragen!)

23. Wie effektiv sind Ihre Meinung nach die zurzeit vorhandenen <u>nationalen</u> Korruptionsbekämpfungsmaßnahmen?
Bitte kreuzen Sie die zutreffende Antwort an!

☐ sehr effektiv   ☐ effektiv   ☐ nicht effektiv

24. Wie effektiv sind Ihre Meinung nach die zurzeit vorhandenen <u>internationalen</u> Korruptionsbekämpfungsmaßnahmen?
Bitte kreuzen Sie die zutreffende Antwort an!

☐ sehr effektiv   ☐ effektiv   ☐ nicht effektiv

25. Ist die Zahl der korrupten Handlungen ihrer Meinung nach in den letzten zwölf Monaten…
Bitte kreuzen Sie die zutreffende Antwort an!

☐ … gesunken   ☐ … geblieben   ☐ … gewachsen

26. Ist der Kampf gegen Korruption Ihrer Meinung nach Aufgabe…
Bitte kreuzen Sie die zutreffende(n) Antwort(en) an. Mehrfachnennungen sind möglich!

- ☐ …der Regierung
- ☐ …der Wirtschaft
- ☐ …der Kirche
- ☐ …der Medien
- ☐ …der Schule
- ☐ …der Bevölkerung
- ☐ …sonstige _____ *(Bitte sonstige hier eintragen!)*

27. Wenn Sie von einer korrupten Handlung erfahren, melden Sie es?
Bitte kreuzen Sie die zutreffende Antwort an!

☐ Nein, es interessiert mich nicht, was andere tun.
☐ Nein, ich hätte Angst, dass mich jemand dafür bestraft.
☐ Ja, auf jeden Fall. Korruption soll gemeldet werden.

28. Wissen Sie, wo Sie eine korrupte Tat melden können?
Bitte kreuzen Sie die zutreffende Antwort an!

☐ ja, bei _____ *(Bitte den Name der Organisation hier eintragen)*
☐ nein

29. Ist Korruption in Mexiko-Stadt Ihre Meinung nach ein…
Bitte kreuzen Sie die zutreffende Antwort an!

☐ …sehr ernstes Problem   ☐ …ein ernstes Problem
☐ …ein weniger ernstes Problem   ☐ …kein Problem

Und Sie habe es auch schon geschafft! Vielen Dank für Ihre Hilfe und ich wünsche Ihnen einen schönen Tag!

Auf Wiedersehen!

Eszter Csépe

UNIVERSITÄT LEIPZIG

Datos demográficos
Por favor contesten a las siguientes preguntas sobre sus datos personales.

1. Usted es
☐ Hombre ☐ Mujer

2. ¿Cuántas personas viven en su hogar, usted inclusive?
Por favor, marque con una equis el número de los miembros de la familia en su hogar y nómbrelos según su grado de parentesco (p.ej. padre, madre, abuelo, abuela, tío, tía, otros).
☐ Vivo solo/a.
☐ Dos _____
☐ Tres _____
☐ Cuatro _____
☐ Cinco _____
☐ Más personas _____

3. Por favor, nombre su estado civil.
☐ Estoy soltero/a   ☐ Estoy casado/a
☐ Convivo con mi pareja   ☐ Estoy separado/a
☐ Estoy divorciado/a   ☐ Soy viudo/a

4. Por favor, nombre su edad.
☐ menos de 18   ☐ 18-28   ☐ 29-39
☐ 40-50   ☐ 51-60   ☐ más de 60

5. ¿Cuál es su certificación escolar más reciente?
☐ No tengo certificado escolar/ nunca fui a la escuela
☐ Estuve en un centro de educación preescolar
☐ Tengo un certificado de educación primaria
☐ Tengo un certificado de educación secundaria
☐ Tengo un certificado de formación profesional
☐ Tengo un título universitario
☐ Tengo un título universitario de postgrado

6. Por favor, nombre su estado laboral actual.
☐ Estoy trabajando → *¡Por favor, continúe con la pregunta 7!*
☐ Estoy desempleado ⎫
☐ Me ocupo de las tareas del hogar ⎪
☐ Soy estudiante universitario ⎬ *¡Por favor, continúe*
☐ Voy a la escuela ⎪ *con la pregunta 11!*
☐ Por razones de salud no estoy habilitado para trabajar ⎪
☐ Soy jubilado/a ⎭

7. ¿Cuál es su actividad profesional??
☐ Soy funcionario/a   ☐ Soy empleado
☐ Soy obrero/a   ☐ Soy autónomo

8. ¿Qué posición ocupa en su entorno laboral?
☐ Ejerciendo en un nivel bajo de la jerarquía
☐ Con cargo dirigente en un nivel medio de la jerarquía
☐ Como alto cargo en un nivel elevado de la jerarquía

9. ¿En qué sector laboral ejerce usted su trabajo?
¡Por favor, marque con una equis la respuesta correspondiente y complemente su respuesta especificando su actividad laboral!

☐ Trabajo en el sector privado como _____
   (incluir aquí la actividad laboral)
☐ Trabajo en el sector público como _____
   (incluir aquí la actividad laboral)
☐ Trabajo en el sector informal como _____
   (incluir aquí la actividad laboral)

10. Según su opinión, ¿se corresponde su cualificación con el trabajo que realiza?
☐ Mi formación laboral no concuerda con el trabajo que realizo y me considero **sobrecualificado** para mi actual empleo.
☐ Mi formación laboral no concuerda con el trabajo que realizo y me considero **infracualificado** para mi actual empleo.
☐ Mi cualificación se corresponde con el trabajo que realizo.

11. Usted se encuentra con su trabajo…
☐ Muy satisfecho   ☐ satisfecho   ☐ insatisfecho

12. ¿De cuánto dinero dispone usted mensualmente?
☐ 1-100 EUR   ☐ 101 – 200 EUR   ☐ 201- 300 EUR
☐ 301-400 EUR   ☐ 401 – 500 EUR   ☐ más de 500 EUR

13. El dinero del que dispone normalmente resulta para usted…
☐ mucho   ☐ suficiente   ☐ poco

Por favor, ahora indique sus hábitos de vida diaria.

14. ¿Cómo se informa usted sobre noticias de la actualidad?
¡Por favor, marque con una equis la(s) respuesta(s) correspondiente(s) y complemente su respuesta con el medio de comunicación correspondiente. Varias respuestas son posibles!

14a) Leo…
☐ … Periódico diario
☐ … Periódico semanal
☐ … Revista de actualidad
☐ … Revista
☐ … No leo prensa escrita.

14b) Suelo ver en la televisión…
☐ … Noticiero _____
☐ … Reportajes _____
☐ … Programas de debate _____
☐ … Talkshows _____
☐ … No veo la televisión.

14c) En la radio escucho…
☐ … Noticiero _____
☐ … Reportajes _____
☐ … Programas de debate _____
☐ …Talkshows _____
☐ …No escucho la radio.

14d) Navego por internet
☐ a menudo   ☐ a veces   ☐ nunca

15. Por favor, nombre cuatro temas importantes que más le interesen.
☐ Política   ☐ Economía   ☐ Investigación
☐ Salud   ☐ Ciencia   ☐ deporte
☐ Cultura   ☐ Formación   ☐ viajes
☐ Sociedad   ☐ Entretenimiento   ☐ Países extranjeros

Noticias sobre pagos ilegales son de actualidad en los medios. Ahora preguntamos por su opinión sobre ello.

16. ¿Por cuál de los siguientes servicios encuentra usted personalmente que esté justificado pagar?
¡Por favor, escoja para cada afirmación la respuesta correspondiente y márquela con una cruz!

	Justificado	No justificado
a) dar dinero a un funcionario para que realice las gestiones más	☐	☐
b) dar dinero a un funcionario para que expida una licencia o un permiso	☐	☐
c) dar dinero a un policía para que no expida una multa	☐	☐
d) dar dinero a un policía para que anule una multa	☐	☐
e) dar a un vigilante de aparcamiento para que vigile un coche y evitar vandalismos	☐	☐
f) dar dinero a un maestro para que le de mejor nota a un niño	☐	☐
g) comprar un título escolar	☐	☐
h) dar dinero a un médico para que atienda a un paciente	☐	☐

17. ¿Han pagado usted o alguien de su familia en los pasados 12 meses por alguno de los siguientes servicios?
¡Por favor, escoja para cada afirmación la respuesta correspondiente y márquela con una cruz!

	No	Sí
a) He dado dinero a un funcionario para que realizara mis gestiones más rápidamente	☐	☐
b) He dado dinero a un funcionario para que expidiese para mí una licencia o permiso	☐	☐
c) He dado dinero a un policía para evitar que expidiese una multa	☐	☐
d) He dado dinero a un policía para que anulara una multa a mi nombre	☐	☐
e) He dado dinero a un vigilante de aparcamiento para que vigilara mi coche contra vandalismos	☐	☐
f) He dado dinero a un maestro para que pusiera mejor nota a mi hijo	☐	☐
g) He comprado un certificado escolar	☐	☐
h) He dado dinero a un médico para que me atendiera	☐	☐

18. ¿Cuál de los siguientes servicios encuentra usted justificados?
¡Por favor, escoja para cada afirmación la respuesta correspondiente y márquela con una cruz!

	Justificad	No justificado
a) invitar a cenar a titulares de un cargo o gerentes de un negocio está...	☐	☐
b) Invitar a tomar café a titulares de un cargo o a gerentes de un negocio está...	☐	☐
c) Regalar unas vacaciones a titulares de un cargo o gerentes de un negocio está...	☐	☐
d) Dar privilegios en asociaciones deportivas a titulares de un cargo o gerentes de un negocio está...	☐	☐
e) Dar privilegios a titulares de un cargo o gerentes de un negocio en el marco del entretenimiento (por ej. entradas para conciertos, teatro o similares) está...	☐	☐
f) Dar privilegios a titulares de un cargo o gerentes de un negocio a la hora de comprar una casa o un coche está...	☐	☐
g) Hacer un pequeño regalo a un funcionario (por ej. flores o bombones) está...	☐	☐
h) Recomendar a un familiar con la formación adecuada para un puesto de trabajo determinado está...	☐	☐
i) Recomendar a un familiar sin la suficiente formación para un puesto de trabajo determinado está...	☐	☐

19. Según su opinión, ¿por qué existe la corrupción?
¡Por favor, marque con una equis la(s) respuesta(s) correspondiente(s). Varias respuestas son posibles!

Hay corrupción porque...
- ☐ ...funcionarios y políticos son corruptos.
- ☐ ...la población es corrupta.
- ☐ ...la corrupción no viene castigada.
- ☐ ...nadie sabe a ciencia cierta qué es corrupción.
- ☐ ...nadie sabe a ciencia cierta dónde están los límites de la corrupción.
- ☐ ...siempre ha habido corrupción en la sociedad mexicana.
- ☐ ...cada uno saca alguna ventaja de ello.
- ☐ ...con ello se gana un dinero extra.
- ☐ ...otros _____

(¡Por favor, incluir aquí otras razones!)

20. ¿Por qué razón es la gente corrupta?
- ☐ por necesidad
- ☐ por costumbre
- ☐ por ambición
- ☐ por ignorancia
- ☐ por miedo
- ☐ para perjudicar a otras personas

21. ¿Cuánta corrupción cree usted que existe en...
¡Por favor, escoja para cada afirmación la respuesta correspondiente y márquela con una cruz!

	Mucha	Poca	Ninguna
...el gobierno	☐	☐	☐
...el sistema judicial	☐	☐	☐
...las grandes empresas	☐	☐	☐
...los sindicatos	☐	☐	☐
...las cárceles	☐	☐	☐
...entre los ciudadanos	☐	☐	☐
...las instituciones religiosas	☐	☐	☐
...en los medios	☐	☐	☐
...en las escuelas	☐	☐	☐
...en las universidades	☐	☐	☐

22. Elija las cuatro afirmaciones más importantes que pueden ayudar, según su opinión, a combatir la corrupción.
¡Por favor, marque con una equis las cuatro respuestas correspondientes!

- ☐ Cada persona tiene que saber leer y escribir para poder estar mejor informada y no dejarse influenciar de manera errónea tan fácilmente.
- ☐ En las escuelas el tema de la corrupción debe tratarse detenidamente y los niños deberán de ser instruidos ya a temprana edad sobre la corrupción.
- ☐ Las leyes actuales deben de cambiarse.
- ☐ Las penas para las personas corruptas deben ser más severas.
- ☐ Simplemente deben rechazarse los sobornos.
- ☐ Las personas corruptas deben ser destituidas de su cargo.
- ☐ Deben realizarse campañas de concienciación masivas.
- ☐ Debe premiarse la honradez de los funcionarios.
- ☐ Otros _____

(¡Por favor, incluir aquí otras propuestas!)

23. ¿Qué efectividad tiene en su opinión las en este momento presentes medidas de lucha contra la corrupción a nivel nacional?
- ☐ muy efectivas ☐ efectivas ☐ no efectivas

24. ¿Qué efectividad tiene en su opinión las en este momento presentes medidas de lucha contra la corrupción a nivel internacional?
- ☐ muy efectivas ☐ efectivas ☐ no efectivas

25. Según su opinión, el número de actividades corruptas en los últimos doce meses ha...
- ☐ descendido ☐ se ha mantenido ☐ crecido

26. Según su opinión, la lucha contra la corrupción es una tarea de...
- ☐ del gobierno
- ☐ de la economía
- ☐ de la iglesia
- ☐ de los medios
- ☐ de las escuelas
- ☐ de la población
- ☐ otros

27. Cuando usted viene a saber de una actividad corrupta, ¿lo denuncia?
- ☐ No, no me interesa. Tengo otras cosas que hacer.
- ☐ No, tengo miedo de que alguien sea juzgado por ello.
- ☐ Sí, por supuesto. Los casos de corrupción deben denunciarse.

28. ¿Sabe usted dónde se puede denunciar un caso de corrupción?
- ☐ sí, en _____
(por favor, incluir aquí el nombre de la organización)
- ☐ no

29. La corrupción en la ciudad de México es, según su opinión, un...
- ☐ problema muy serio
- ☐ un problema serio
- ☐ un problema relativamente serio
- ☐ ningún problema

¡Y esta también la han conseguido! ¡Muchas gracias por su ayuda y que tenga un buen día!

¡Hasta la vista!

Autorenprofil

Eszter Csépe, studierte Politikwissenschaften, Betriebswirtschaftslehre und Journalistik an der Universität Leipzig. Seit September 2007 unterstütze sie freiberuflich die Wisamar Bildungsgesellschaft mbH als Projektmanagerin und seit 2009 arbeitet sie hier hauptberuflich als Projektleiterin. In der Kooperation mit diversen europäischen Institutionen führt sie bildungspolitische Projekte durch.